El chino paso a paso 1

轻松学中文　课本

Libro de texto

西班牙文版

Yamin Ma
Xinying Li

北京语言大学出版社
BEIJING LANGUAGE AND CULTURE UNIVERSITY PRESS

图书在版编目（CIP）数据

轻松学中文课本：西班牙文版.1／马亚敏，李欣
颖编著.——北京：北京语言大学出版社，2014.12（2025.7重印）
ISBN 978-7-5619-3893-5

Ⅰ.①轻… Ⅱ.①马… ②李… Ⅲ.①汉语-对外汉
语教学-教材 Ⅳ.①H195.4

中国版本图书馆CIP数据核字（2014）第289344号

书　　名	轻松学中文 课本1（西班牙文版）
	QINGSONG XUE ZHONGWEN KEBEN1 (XIBANYAWEN BAN)

项目负责　　唐琪佳　黄　英
西班牙文翻译　　么俊明
西班牙文编辑　　梁倩如
西班牙文审订　　Ema Velázquez Burmester
中文编辑　　黄　英　王巧燕
美术策划　　王　宇
封面设计　　王　宇　张　静
责任印制　　邝　天

出版发行　北京语言大学出版社
社　　址　北京市海淀区学院路15号　邮政编码：100083
网　　址　www.blcup.com
编 辑 部　8610-8230 3647/3592/3395
国内发行　8610-8230 3650/3591/3648
海外发行　8610-8230 0309/3651/3080
读者服务部　8610-8230 3653
网上订购　8610-8230 3908 service@blcup.com
印　　刷　北京瑞禾彩色印刷有限公司
经　　销　全国新华书店

版　　次　2014年12月第1版　2025年7月第11次印刷
开　　本　889mm×1194mm　1/16　印张：8.75
字　　数　118千字
书　　号　ISBN 978-7-5619-3893-5/H・14158
　　　　　11800

©2014 北京语言大学出版社

El chino paso a paso (Libro de texto 1)

Editoras	Ying Huang, Qiaoyan Wang, Qianru Liang
Diseño Artístico	Arthur Y. Wang
Diseño de la cubierta	Arthur Y. Wang, Jing Zhang

Publicado por

Beijing Language & Culture University Press
No. 15 Xueyuan Road, Haidian District, Beijing, China 100083

Distribuido por

Beijing Language & Culture University Press
No. 15 Xueyuan Road, Haidian District, Beijing, China 100083

Publicado por primera vez en diciembre de 2014

Copyright ©2014 Beijing Language & Culture University Press

Todos los derechos reservados. Ninguna parte de este libro puede ser reproducida, almacenada en un sistema de recuperación, o transmitida, de ninguna forma o por ningún medio, electrónico, mecánico, fotocopias, grabaciones o cualquier otro, sin permiso previo por escrito del editor.

Página web: www.blcup.com

Printed in China

AGRADECIMIENTOS

Varias personas nos han ayudado en la publicación de este libro. Agradecemos en particular a las siguientes:

- 戚德祥先生, 张健女士, 郝运先生, 王亚莉女士, que confiaron en nuestra competencia en el campo de la enseñanza y aprendizaje del chino.

- Traductora 么俊明, por su esmerada labor.

- Editoras 黄英女士, 王巧燕女士, 梁倩如女士 y correctora Ema Velázquez Burmester, por su meticuloso trabajo.

- Asesor artístico Arthur Y. Wang y artistas 陆颖, 顾海燕, 龚华伟, 王净, por su habilidad artística en las ilustraciones.

- Edward Qiu y 班闯, que ayudaron a las autoras con las grabaciones de sonido.

- Y por último, a nuestras familias, que siempre nos han dado un generoso apoyo.

Introducción

- *El chino paso a paso* incluye 8 libros y abarca tres etapas: Etapa 1 - Libros 1 y 2; Etapa 2 - Libros 3,4,5 y 6; y Etapa 3 - Libros 7 y 8. El objetivo principal de la serie *El chino paso a paso*, es ayudar a los alumnos a que adquieran una base sólida en el vocabulario, el conocimiento del idioma chino y las competencias comunicativas, mediante la integración gradual y natural del lenguaje, del contenido y de los elementos culturales. La serie adopta un enfoque holístico y está diseñada para favorecer el desarrollo de las destrezas de comprensión y expresión orales y escritas.

- *El chino paso a paso* comprende 8 libros de texto, cada uno de ellos complementado, un libro de ejercicios (a partir del Libro 6, el libro de texto y el libro de ejercicios están combinados en un solo libro), un libro del profesor con y exámenes de unidad. Los Libros 1-3 también están acompañados por tarjetas con imágenes, tarjetas con palabras y pósteres.

Diseño del curso

El diseño de la serie ha conseguido:

- Un equilibrio entre lenguaje auténtico y lenguaje modificado:
Todos los materiales orales y escritos se han modificado y han sido cuidadosamente seleccionados para adaptarse al nivel de los estudiantes, de forma que se pueda alcanzar un desarrollo gradual de la lengua en estudio.

- Un equilibrio entre lenguaje y cultura:
Esta serie proporciona a los estudiantes amplias oportunidades para conocer el idioma y la cultura china, con el objeto de desarrollar una conciencia intercultural y enriquecer sus experiencias personales.

- Un eguilibrio entre el conocimiento del lenguaje y las competencias comunicativas:
El conocimiento del lenguaje es necesario e importante para que los alumnos adquieran precisión y fluidez en el uso del idioma chino. El diseño de esta serie asegura que el aprendizaje basado en el conocimiento del lenguaje esté encuadrado en un contexto comunicativo, obteniendo así una mejora tanto en el conocimiento lingüístico como en el rendimiento.

- Un equilibrio entre un curso amplio y un curso controlado:
Esta serie sirve como eje de la enseñanza del idioma chino a la vez que ofrece un amplio rango de vocabulario, temas y varios tipos de textos para cubrir las distintas necesidades de los alumnos.

简介

- 《轻松学中文》共八册，分为三个阶段。第一阶段为第一、二册；第二阶段为第三、四、五、六册；第三阶段为第七、八册。此套教材旨在帮助汉语为非母语的中、小学生奠定扎实的汉语学习基础。此目标是通过语言、话题和文化的自然结合，从词汇、汉语知识的学习及语言交流技能的培养两个方面来达到的。此套教材把汉语作为一个整体来教授，在教学过程中十分注重听、说、读、写四项交际技能的培养。

- 《轻松学中文》每册包括一本彩色课本，一本练习册(第六、七、八册课本与练习册合并成一册)，一本教师用书(附单元测验试卷)，1–3册还配有词语卡片、图卡和教学挂图。

课程设计

本套教材的课程设计力图达到：

- 地道语言与调整语言的平衡
为了使学生的汉语程度能循序渐进地提高，本套教材中的口语及书面语都经过严谨的选择，并作过适当的调整。

- 语言与文化的平衡
为了培养学生的多元文化意识，丰富他们的经历，本套教材为学生接触汉语及中国文化提供了各种各样的机会。

- 语言知识与交际能力的平衡
为了能在听、说、读、写四项技能方面准确并流利地运用汉语，学生对语言知识的掌握不仅是重要的，而且也是必要的。本套教材把语言知识的学习与语言技能的培养巧妙地结合在一起，力求使学生在增加汉语知识的同时提高运用语言的能力。

- 扩展与控制的平衡
本套教材不仅可以作为汉语教学的"主线"，

- **Un equilibrio entre el "discurso oral" y la "forma escrita":**
Esta serie tiene como objetivo buscar un equilibrio entre las competencias comunicativas orales y escritas. El desarrollo de las destrezas de expresión oral y escrita está incorporado de principio a fin en el curso.

Esta serie comprende:

- <u>Pinyin</u>. Se introduce a los estudiantes desde el principio. El Pinyin sobre los caracteres chinos se va eliminando progresivamente para asegurar una transición gradual.

- <u>Caracteres chinos</u>. Se enseñan según el sistema de formación de caracteres. Una vez que los alumnos adquieran una buena comprensión de los radicales y de los caracteres simples, serán capaces de analizar la mayoría de los caracteres compuestos que se encuentren, y de memorizar los caracteres nuevos de forma lógica.

- <u>Gramática y estructuras oracionales</u>. Se explican en forma de notas. Se pretende que los alumnos utilicen una gramática y estructuras de oraciones compuestas correctas, tanto en forma oral como escrita, para comunicarse a medida que su nivel de chino vaya mejorando con el paso de los años.

- <u>Uso del diccionario</u>. Se enseña después de aprender radicales y caracteres simples. Se anima a los estudiantes a utilizar el diccionario cuando sea necesario, para poder seguir aprendiendo de forma independiente.

- <u>Escritura de caracteres en el ordenador</u>. Se presenta cuando los estudiantes hayan adquirido conocimientos básicos de chino.

- <u>Ejercicios de audición</u>. Están diseñados para ayudar a los estudiantes a desarrollar habilidades que les permitan inferir significados de palabras y contenidos con los que no están familiarizados.

- <u>Prácticas de expresión oral</u>. Incitan a los alumnos a que empleen el chino para comunicar sus pensamientos espontáneamente en situaciones de la vida real con precisión y fluidez.

- <u>Comprensión lectora</u>. Se desarrolla a través de la lectura regular de pasajes simples adaptados al nivel de los alumnos. Éstos irán desarrollando gradualmente habilidades y confianza para leer periódicos, revistas o páginas de Internet. Así ampliarán su vocabulario y el conocimiento sobre la China moderna, a la vez que entrarán en contacto con los asuntos emergentes de China y del resto del mundo.

- <u>Expresión escrita</u>. Se va desarrollando gradualmente mediante un proceso de escritura guiada sobre temas familiares para los estudiantes. Las tareas escritas se irán haciendo cada vez más fáciles a medida que los alumnos aprendan a organizar sus ideas coherente y lógicamente, y desarrollen la habilidad de seleccionar el vocabulario apropiado, las estructuras y clases de frases para construir una pieza escrita con precisión y fluidez.

而且所提供的大量词汇、话题及各式各样的文体还可以满足不同水平学生的需要。

- "语"与"文"的平衡
本套教材力图使学生在口语及书面语两个方面同时提高。写作能力及口头交际能力的培养贯穿始终。

本套教材所包括的内容有：

- <u>拼音</u>是初级阶段教学重点之一。附在汉字上面的拼音将逐渐取消以确保平稳过渡。

- <u>汉字</u>是根据汉字的结构来教授的。学生一旦掌握了一定数量的偏旁部首和独体字，他们就有能力分析遇到的大部分合体字，并能有条理地记忆生字。

- <u>语法及句型</u>是以注解的方式来解释的。经过几年有条不紊的学习，学生可望在口头及书面交流时运用正确的语法及复合句型。

- <u>查字典、词典</u>的技能是在学生学会了部分偏旁部首及独体字后才开始培养的。为了培养学生的独立学习能力，教师要经常鼓励学生自己查字典、词典来完成某项功课。

- <u>打字</u>技能的培养是在学生已经掌握了一些汉语基本知识后才开始的。

- <u>听力</u>练习力图培养学生猜生字的意思及文章内容的能力。

- <u>口语</u>练习设计旨在培养学生用准确、流利的汉语在现实生活中跟人即兴沟通、交流。

- <u>阅读</u>练习旨在鼓励学生养成每天阅读简短篇章的习惯，从而帮助学生提高阅读能力，树立阅读信心。高年级阶段，学生可望读懂报纸、杂志及因特网上的简短文章，以便扩大词汇量，增加对现代中国的了解。

- <u>写作</u>能力的培养需要一个长期的过程。学生先在教师的指导下写他们所熟悉的话题，直到能够运用适当的词汇、语句、体裁，有条理地、准确地、恰当地、有效地交流思想。

Enfoque de cada etapa:

- Etapa 1 (Libros 1 y 2): ◆ pinyin ◆ trazos y orden de los trazos ◆ estructura de los caracteres chinos ◆ escritura de caracteres ◆ radicales y caracteres simples ◆ uso del diccionario ◆ escritura de caracteres en el ordenador ◆ audición ◆ expresión oral ◆ expresión escrita: tareas de escritura guiada de alrededor de 100 caracteres

- Etapa 2 (Libros 3, 4, 5 y 6): ◆ radicales y caracteres simples ◆ formación de frases ◆ ampliación del vocabulario ◆ estructuras gramaticales y de frases simples ◆ uso del diccionario ◆ escritura de caracteres en el ordenador ◆ frases de uso común en la clase ◆ audición ◆ expresión oral ◆ comprensión lectora ◆ expresión escrita: tareas de escritura guiada de entre 100-300 caracteres ◆ introducción a la China moderna y a la cultura China

- Etapa 3 (Libros 7 y 8): ◆ frases de uso común en la clase ◆ ampliación del vocabulario ◆ estructuras gramaticales y de frase ◆ uso del diccionario ◆ escritura de caracteres en el ordenador ◆ comprensión auditiva y expresión oral a través de la interacción espontánea ◆ práctica diaria de lectura ◆ expresión escrita: tareas escritas independientes de entre 300-500 caracteres ◆ introducción a la China moderna y su cultura ◆ temas contemporáneos: asuntos actuales del mundo

Duración del curso

- Esta serie está diseñada para estudiantes de primaria y secundaria sin ninguna formación previa en chino. El Libro 1 comienza con conocimientos básicos de chino. Los estudiantes de 5º o 6º de primaria, o de 1º de secundaria pueden comenzar con el Libro 1.

- Con tres sesiones de una hora por semana, la mayoría de los estudiantes serán capaces de completar un libro por cada año académico. Los alumnos más rápidos podrán utilizar menos de un año para completar un libro. Dada la continuidad de los 8 libros de esta serie, se puede impartir cada libro en el periodo de tiempo que se desee.

每个阶段的教学重点：

- 第一阶段（第一、二册）：◆ 拼音 ◆ 笔画和笔顺 ◆ 字形结构 ◆ 描红 ◆ 偏旁部首和独体字 ◆ 查字典 ◆ 打字 ◆ 听力 ◆ 口语 ◆ 阅读 ◆ 写作（100个字左右）

- 第二阶段（第三、四、五、六册）：◆ 偏旁部首和独体字 ◆ 词语构成 ◆ 词汇扩展 ◆ 语法及句型结构 ◆ 查字典、词典 ◆ 打字 ◆ 课堂用语 ◆ 听力 ◆ 口语 ◆ 阅读 ◆写作(100–300字) ◆ 接触现代中国和中国文化

- 第三阶段（第七、八册）：◆ 课堂用语 ◆ 词汇扩展 ◆ 语法及句型结构 ◆ 查字典、词典 ◆ 打字 ◆ 听力 ◆ 口语 ◆ 阅读 ◆ 独立写作(300–500字) ◆ 时事

课程进度

- 本套教材为非华裔中、小学生编写。因为第一册从最基本的汉语知识教起，所以学生不需要有任何汉语知识背景。学生可以从小学五、六年级开始使用第一册，也可以从中学一年级开始使用第一册。

- 如果每星期上三节课，每节课在一小时左右，大部分学生可在一年之内学完一册。如果有些学生学得比较快，他们可以加快进度，不到一年就学完一册书。由于本套教材是连贯的，老师可以在任何时段内根据学生的水平来决定教学进度。

Cómo usar este libro

A continuación mostramos algunas sugerencias sobre el uso de este libro:

El profesor debería:

- Hacer junto con los estudiantes los ejercicios fonéticos del libro de texto. Más adelante, se debería animar a los alumnos a pronunciar el pinyin nuevo por sí mismos.

- Resaltar la importancia de aprender los trazos básicos y el orden de los trazos de los caracteres.

- Guiar a los alumnos en el análisis de los caracteres nuevos y animarlos a usar su imaginación como ayuda para memorizarlos.

- Solicitar a los alumnos que memoricen todos los radicales y caracteres simples de la lección. Los estudiantes deberían ser instados a memorizar tantos caracteres como puedan.

- Crear oportunidades para que los alumnos ejerciten el uso del diccionario y el tecleo de caracteres.

- Proporcionar la mayor cantidad de oportunidades para que los alumnos desarrollen su comprensión auditiva y expresión oral durante la clase. Ciertos ejercicios de expresión oral incluidos en el libro se pueden modificar de acuerdo con la habilidad de los estudiantes.

- Eliminar, modificar o extender algunos ejercicios en consonancia con el nivel de los alumnos. Se puede utilizar una gran variedad de ejercicios del libro de texto y del libro de ejercicios como tareas para clase o como deberes.

Los textos, las palabras nuevas, el audio y los ejercicios fonéticos de cada lección puede descargar escaneando el código QR que aparece en la portada del libro.

Yamin Ma
Julio 2014, Hong Kong

怎样使用本册教材

以下是使用本册教材的一些教学建议，仅供教师参考。建议教师：

- 领着学生做课本里的语音练习，通过一段时间的练习，教师应尽量鼓励学生独立地发那些没有教过的拼音。

- 注重教汉字的基本笔画和笔顺。

- 带领学生分析新汉字，并鼓励学生用想象力帮助记汉字。

- 要求学生记住学过的所有偏旁部首和独体字。教师也应该鼓励学生尽量多记合体字。

- 为学生创造各种实践机会，提高他们打字及查字典、词典的技能。

- 在课堂上尽量创造机会培养并提高学生的听、说能力。课本里不同类型的口语练习，可以根据学生的汉语水平作适当改动。

- 根据学生的能力及水平挑选、修改或扩展某些练习。课本及练习册里的练习可以在课堂上做，也可以让学生带回家做。

每一课的课文、生词、听力及语音练习都配有录音，可扫描封面正面二维码下载。

马亚敏
2014年7月于香港

ÍNDICE 目录

Unidad 1
- Lección 1   Pinyin. Trazos básicos   拼音、基本笔画   1
- Lección 2   Pinyin. Números   拼音、数字   6
- Lección 3   Saludos   问候   14

Unidad 2
- Lección 4   Fechas   日期   22
- Lección 5   Edad   年龄   30
- Lección 6   Números de teléfono   电话号码   38

Unidad 3
- Lección 7   Miembros de la familia   家庭成员   46
- Lección 8   Presentación personal   自我介绍   54
- Lección 9   Profesiones   职业   62

Unidad 4
- Lección 10   La hora   时间   70
- Lección 11   Rutina diaria   日常起居   78
- Lección 12   Medios de transporte   交通工具   86

Unidad 5
- Lección 13   Colores   颜色   96
- Lección 14   Ropa   穿着   104
- Lección 15   Partes del cuerpo   人体部位   114

Textos de las audiciones   听力录音稿   124

Unidad 1

Lección 1 Pinyin. Trazos básicos 拼音、基本笔画

Texto 1

① Vocales:

a o e i u ü

② Consonantes:

b p m f
d t n l
g k h
j q x
zh ch sh r
z c s y w

③ Tonos:

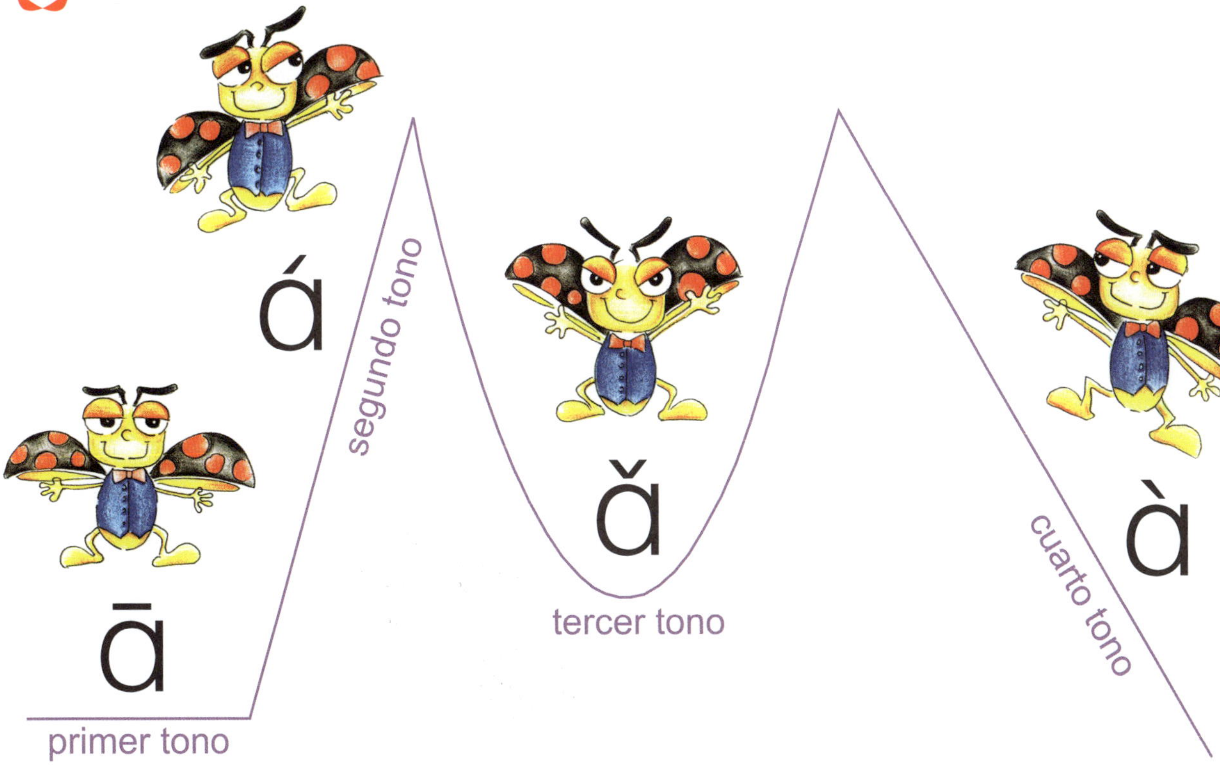

á segundo tono

ǎ tercer tono

à cuarto tono

ā primer tono

1 Lee en voz alta.

1. ā á ǎ à
2. ō ó ǒ ò
3. ē é ě è
4. ī í ǐ ì
5. ū ú ǔ ù
6. ǖ ǘ ǚ ǜ

2 Escucha y rodea el pinyin correcto.

1. (ā) à
2. ó ǒ
3. ī í
4. ǔ ù
5. é è
6. ù ǘ
7. ī ǖ
8. ó é

3 Tarea en grupo. Intenta pronunciar correctamente.

1. bā bá bǎ bà
2. pō pó pǒ pò
3. mī mí mǐ mì
4. fū fú fǔ fù

Atención a

b p m f

Texto 2

Trazos básicos

1. 、 diǎn
2. 一 héng
3. 丨 shù
4. 丿 piě
5. ㇏ nà
6. ノ tí
7. 𠃌 zhé
8. 亅 gōu

4 Nombra el trazo destacado de cada carácter.

1. 主 diǎn
2. 巾
3. 少
4. 大
5. 口
6. 八
7. 水
8. 天
9. 小
10. 习

5. Escucha y rodea el pinyin correcto.

1. pī pí
2. mǔ mú
3. fǎ fà
4. bǐ bì
5. pó pò
6. bù pù
7. mī mí
8. bà bǎ
9. mā mà
10. fù fú

6. Tarea en grupo. Intenta pronunciar correctamente.

1. bàba
2. yé ye
3. māma
4. dìdi
5. shūshu
6. lǎba
7. shāzi
8. lǐzi
9. gūgu
10. bízi
11. dízi
12. shīzi

NOTA

1. Las marcas tonales se ponen sobre las vocales, por ejemplo: bà mǔ

2. Las sílabas sin marca tonal tienen tono neutro, por ejemplo: bàba māma

7 Escucha y marca el tono del pinyin.

1. bà
2. bu
3. bi
4. pi
5. pa
6. mu
7. mo
8. mi
9. pu
10. fa
11. fu
12. bo

8 Nombra los distintos trazos.

1.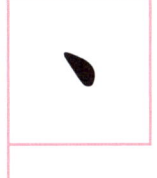
   héng
2.
3.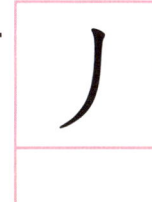
4.
5.
6.
7.
8.

9 Escucha y escribe el pinyin con su tono.

1. pī
2.
3.
4.
5.
6.
7.
8.
9.

Unidad 1

Lección 2 Pinyin. Números 拼音、数字

Texto 1

1. ai ei ui
2. ao ou iu
3. ie üe er
4. an en in un ün
5. ang eng ing ong

1 Tarea en grupo. Intenta pronunciar correctamente.

1. dī dí dǐ dì
2. tā   tǎ tà
3.   nú nǔ nù
4. lī lí lǐ lì

Atención a
d t n l

5. nǚ nǚ lǚ lǚ
6. lǜ lù lǘ lú
7. bā pá mǎ pà
8. dā tā nā lā

2 Escucha y pon √ (verdadero) o × (falso).

1. dì ×
2. mǔ
3. nǚ
4. lí
5. bū
6. pù
7. mò
8. fó

3 Nombra los distintos trazos.

1.  diǎn
2.
3.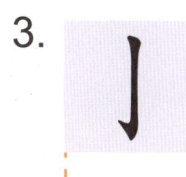
4.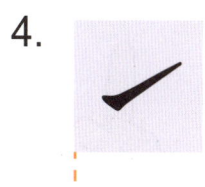

5.
6.
7.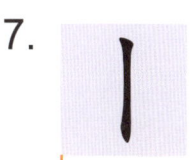
8.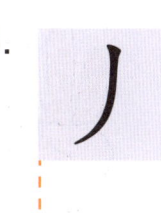

4 Escucha y rodea el pinyin correcto.

1. dà dá
2. lè là
3. tǐ dǐ
4. nù nú
5. mǐ nǐ
6. lǚ lǔ
7. nǚ nǔ
8. dā tā
9. dé tè

ō

ó

ǒ

ò

Texto 2

 yī 一　　 èr 二　　 sān 三

 sì 四　　 wǔ 五　　 liù 六

 qī 七　　 bā 八

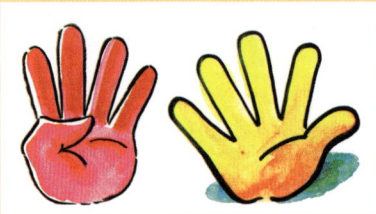 jiǔ 九　　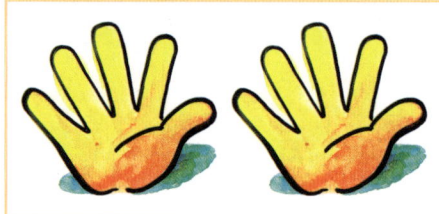 shí 十

Vocabulario

1. 一 yī uno
2. 二 èr dos
3. 三 sān tres
4. 四 sì cuatro
5. 五 wǔ cinco
6. 六 liù seis
7. 七 qī siete
8. 八 bā ocho
9. 九 jiǔ nueve
10. 十 shí diez

5 Aprende las reglas de escritura.

Regla 1
Un trazo horizontal se escribe antes que uno vertical.

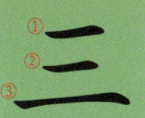
Regla 2
Los trazos se escriben de arriba a abajo.

Regla 3
Primero se escriben los trazos de la izquierda y después los de la derecha.

Regla 4
Primero se escriben los trazos centrales y después los de ambos lados.

Regla 5
Los trazos se escriben desde fuera hacia dentro y por último se cierra el carácter.

6 Numera los trazos según su orden de escritura.

1. dà

2. zhǔ

3. hàn

4. huí

5. shuǐ

7 Di los números en chino.

1	yī 一	2	èr 二
3	sān 三	4	sì 四
5	wǔ 五	6	liù 六
7	qī 七	8	bā 八

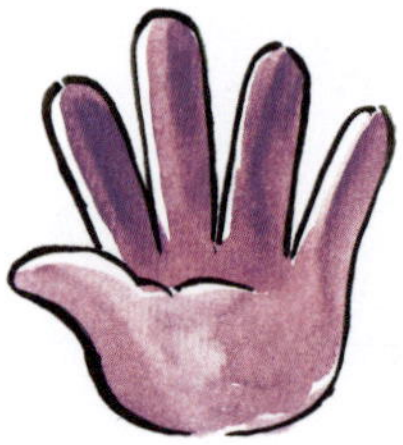

9 jiǔ 九

10 shí 十

8 Cuenta los trazos de cada carácter.

1	2	3
liù 六	bā 八	sì 四
(4)	( )	( )

4	5	6
shí 十	jiǔ 九	wǔ 五
( )	( )	( )

9 Escribe el pinyin de cada número.

1. 二 èr   2. 四 ___   3. 七 ___

4. 三 ___   5. 六 ___   6. 九 ___   7. 五 ___

8. 一 ___   9. 十 ___   10. 八 ___

10 Actividades.

INSTRUCCIONES

1. Toda la clase puede participar en esta actividad.

2. El profesor dice un número en español y los alumnos tienen que decirlo en chino.

Vocabulario adicional

a) 十一 (shí yī)   once

b) 十九 (shí jiǔ)   diecinueve

c) 二十 (èr shí)   veinte

d) 二十五 (èr shí wǔ)   veinticinco

e) 九十九 (jiǔ shí jiǔ)   noventa y nueve

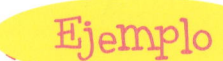

Profesor: Cinco.

Alumnos: 五 (wǔ)

11 Escucha y escribe las vocales con su tono.

1. ná
2. l
3. n
4. p
5. l
6. t
7. l
8. d
9. b
10. m
11. f
12. m

12 Tarea en grupo. Intenta pronunciar correctamente.

1. bái
2. péi
3. tuí
4. dǎo
5. móu
6. liú
7. liě
8. nüè
9. ěr
10. pán

NOTA

La posición de las marcas tonales

1. La marca tonal se coloca sobre la vocal, por ejemplo:
   bà jūn mín lěng

2. Cuando hay dos vocales, se elige la vocal en la que se coloca la marca tonal según el orden "a, o, e, i, u, ü", por ejemplo:
   duō lái hòu xiě

3. Cuando la "i" y la "u" aparecen juntas, la marca tonal se coloca sobre la última vocal, por ejemplo:
   zhuì liú

11. mèn
12. mín
13. lún
14. bāng
15. péng
16. mìng
17. nóng
18. jiǔ
19. duì
20. qíng

13 Escucha y marca el tono del pinyin.

1. mǔ
2. nü
3. lu

4. ni
5. le
6. la

7. lü
8. lü
9. pa

Unidad 1

Lección 3 Saludos 问候

Texto 1

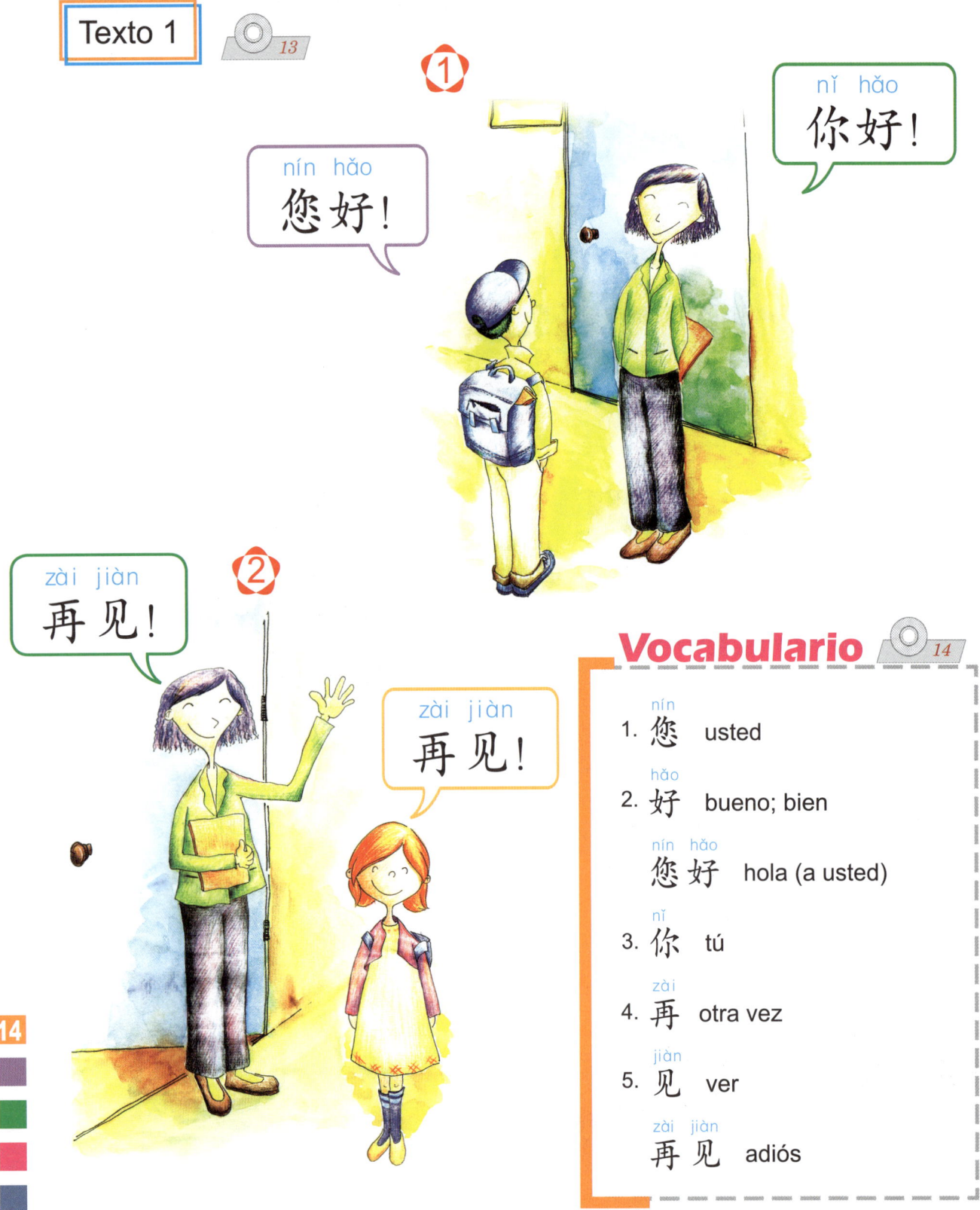

Vocabulario

1. 您 nín usted
2. 好 hǎo bueno; bien
   您好 nín hǎo hola (a usted)
3. 你 nǐ tú
4. 再 zài otra vez
5. 见 jiàn ver
   再见 zài jiàn adiós

1 Tarea en grupo. Intenta pronunciar correctamente.

1. gē   gé   gě   gè
2. kū   kǔ   kù
3. hā   há   hǎ   hà
4. gāi gěi guì gǎo

Atención a

g k h

5. kǒu   kǎn   kěn   kūn
6. hūn   háng héng hǒng
7. gōng nóng máng píng
8. lüè   niú   miè   lóu

2 Di los números en chino.

1. wǔ 五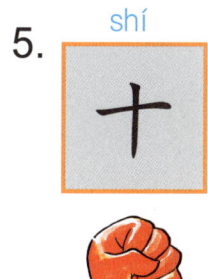
2. bā 八
3. liù 六
4. sān 三
5. shí 十
6. sì 四
7. qī 七
8. jiǔ 九

3 Haz un diálogo para cada imagen.

nǐ hǎo
你好!

zài jiàn
再见!

nín hǎo
您好!

nǐ hǎo
你好!

zài jiàn
再见!

nǐ hǎo
你好!

4 Cuenta los trazos de cada carácter.

1. jiǔ 九 2 2. sì 四 3. nǐ 你 4. hǎo 好

5. zài 再 6. wǔ 五 7. jiàn 见 8. nín 您

5 Escucha y rodea el pinyin correcto.

1. duì / diū
2. gěi / gāi
3. gòu / kòu
4. rì / rè
5. qì / chì
6. lǎo / rào
7. shé / sè
8. yáng / yǒng
9. níng / néng
10. léi / lái

6 Actividades.

Ejemplo

Profesor: 田 (tián)

Alumno 1: 五 (wǔ)

Alumno 2: 六 (liù)

INSTRUCCIONES

1. Se divide la clase en dos grupos.
2. El profesor muestra un carácter y un miembro de cada grupo cuenta sus trazos.
3. El primero que dice la respuesta correcta gana un punto.

Texto 2

¡Ahora te toca a ti!

Haz diálogos parecidos con tus compañeros.

Vocabulario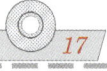

1. jiào 叫 llamar; llamarse
2. shén me 什么 qué
3. míng 名 nombre
4. zì 字 carácter
5. míng zi 名字 nombre
6. wǒ 我 yo
7. xiǎo 小 pequeño
8. yuè 月 luna; mes
9. dà 大 grande
10. shēng 生 nacer; estudiante

7 Numera los trazos según su orden de escritura y cuéntalos.

1. dà 大 — 3
2. nǐ 你
3. míng 名
4. zì 字
5. wǒ 我
6. yuè 月
7. shēng 生
8. jiào 叫

8 Escucha y marca las respuestas correctas.

1. a) 你好！
   b) 您好！

2. a) 再见！
   b) 你好！

3. a) 我叫小月。
   b) 你叫小月。

9 Escucha y escribe las vocales con su tono.

1. gē
2. k
3. h
4. t
5. n
6. m
7. f
8. l
9. b
10. p
11. d
12. h

10 Haz un diálogo para cada imagen.

Ejemplo

^{tā jiào shén me míng zi}
A: 他叫什么名字？

^{tā jiào dà míng}
B: 他叫大明。

^{dà míng}
大明

Vocabulario adicional

a) ^{tā}他 él

b) ^{tā}她 ella

1 ^{dà lì} 大力

2 ^{xiǎo yuè} 小月

3 ^{tiān yī} 天一

4 ^{tián tian} 田田

5 ^{fāng fang} 方方

6 ^{máo mao} 毛毛

11 Aprende las distintas estructuras de los caracteres.

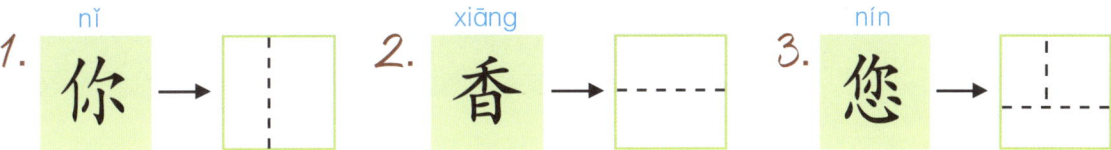

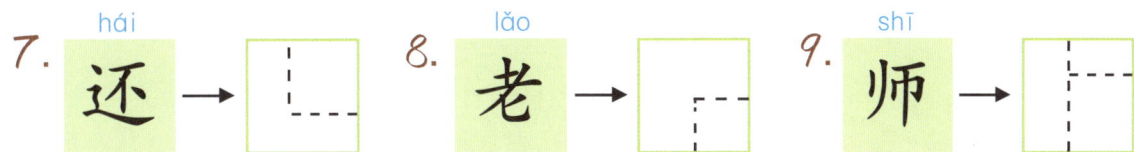

¡Ahora te toca a ti!

12 Tarea en grupo. Intenta pronunciar correctamente.

1. bà	dì	gē	5. tā	kè	lè
2. hé	nǚ	lǜ	6. hòng	tóng	qíng
3. mǔ	fà	pó	7. bó	mā	nǐ
4. fáng	lěng	pīng	8. tún	miè	lái

Unidad 2

Lección 4　Fechas　日期

Texto 1

yī yuè	èr yuè	sān yuè	sì yuè
一月	二月	三月	四月

wǔ yuè
五月

liù yuè
六月

qī yuè
七月

bā yuè
八月

jiǔ yuè
九月

shí yuè
十月

shí yī yuè
十一月

shí èr yuè
十二月

②

xīng qī yī
星期一

xīng qī èr
星期二

xīng qī sān
星期三

xīng qī sì
星期四

xīng qī wǔ
星期五

xīng qī liù
星期六

Vocabulario  21

1. yī yuè 一月 enero
2. xīng 星 estrella
3. qī 期 período de tiempo
4. xīng qī 星期 semana
5. xīng qī yī 星期一 lunes
6. tiān 天 cielo; día
7. rì 日 sol; día
8. xīng qī tiān / rì 星期天／日 domingo

xīng qī tiān rì
星期天(日)

1 Cuenta los trazos de cada carácter.

    xīng   qī   tiān   rì

1. 星 9 2. 期   3. 天   4. 日

    yuè   dà   wǒ   nǐ

5. 月   6. 大   7. 我   8. 你

2 Di los números en chino.

1. jiǔ 九	2. shí bā 十八	3. sān shí sì 三十四
4. bā shí èr 八十二	5. jiǔ shí qī 九十七	6. wǔ shí yī 五十一

3 Actividades.

Ejemplo

Profesor: Enero

              yī yuè
Alumno 1: 一月

              èr yuè
Alumno 2: 二月

INSTRUCCIONES

1 Se divide la clase en dos grupos.

2 El profesor dice un mes en español y un miembro de cada grupo tiene que decirlo en chino.

3 El primero que dice la respuesta correcta gana un punto.

4 Escucha y pon √ (verdadero) o × (falso).

1	jī		7	kù	
2	qú		8	gŭ	
3	xī		9	jù	
4	qí		10	gŭ	
5	gē		11	xū	
6	hù		12	yún	

Atención a

j q x

NOTA

"j, q, x" e "y" nunca aparecen escritas con la "ü". Cuando se combinan con la "ü", ésta pierde su diéresis, por ejemplo:
ju qu xu yu

5 Aprende los radicales.

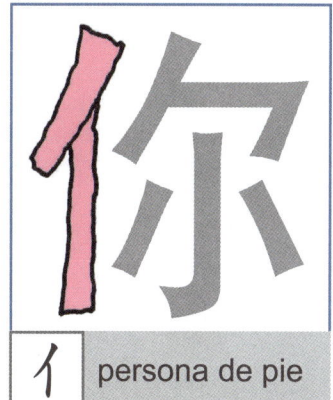
亻 persona de pie

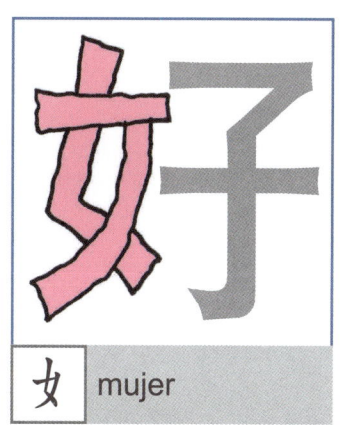
女 mujer

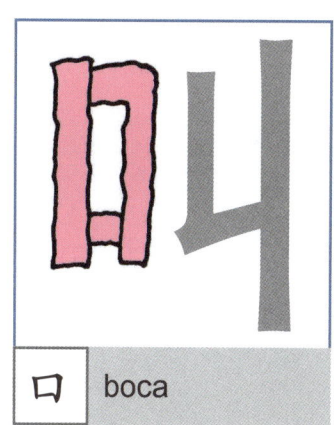
口 boca

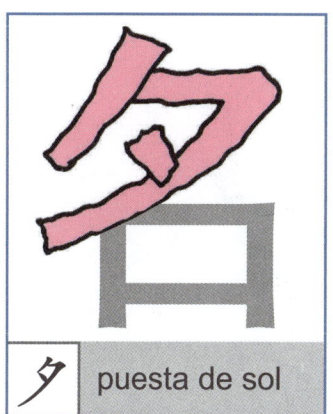
夕 puesta de sol

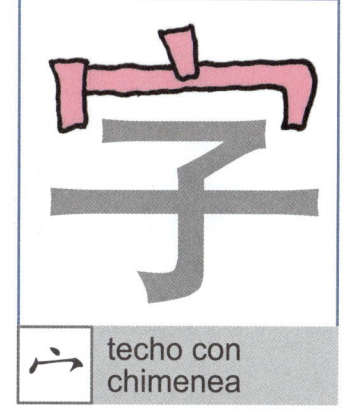
宀 techo con chimenea

心 corazón

Texto 2

①
jīn nián shì èr líng yī sì nián
今年是二〇一四年。
jīn tiān èr yuè liù hào rì
今天二月六号(日)。
jīn tiān xīng qī sì
今天星期四。

②

zuó tiān xīng qī jǐ
昨天星期几?

xīng qī sān
星期三。

míng tiān jǐ hào
明天几号?

shí wǔ hào
十五号。

Vocabulario

1. 今 jīn ahora; hoy
   今天 jīn tiān hoy
2. 年 nián año
   今年 jīn nián este año
3. 是 shì ser
4. 号 hào número
5. 昨 zuó ayer
   昨天 zuó tiān ayer
6. 几 jǐ cuánto
7. 明 míng luminoso; siguiente
   明天 míng tiān mañana

6 Di algunas frases sobre cada imagen.

Ejemplo

miércoles
1 de enero
2014

今年是二〇一四年。
jīn nián shì èr líng yī sì nián

今天一月一号。
jīn tiān yī yuè yī hào

今天星期三。
jīn tiān xīng qī sān

NOTA

〇 se pronuncia **líng**, por ejemplo:

二〇一四年

1
jueves
18 de agosto
2005

2
lunes
25 de diciembre
2000

3
viernes
7 de marzo
1997

4
domingo
10 de junio
2007

7 Nombra los distintos trazos.

1. diǎn   2.   3.   4.

5.   6.   7.   8.

8 Actividades.

Ejemplo

Profesor: 三 (sān)

Alumnos:

	INSTRUCCIONES
1	Toda la clase puede participar en esta actividad.
2	El profesor dice un número y los alumnos tienen que mostrar el signo correspondiente.

9 Escucha y rodea el pinyin correcto.  25

1. jī   qī   7. dà   là
2. qù   xù   8. nǚ   jǔ
3. xī   tī   9. jiě   qiě
4. jì   dì   10. què qiè
5. bó   pó   11. xiǎo jiǎo
6. mǎ   nǎ   12. xiū qiū

28

10 Haz un diálogo para cada imagen.

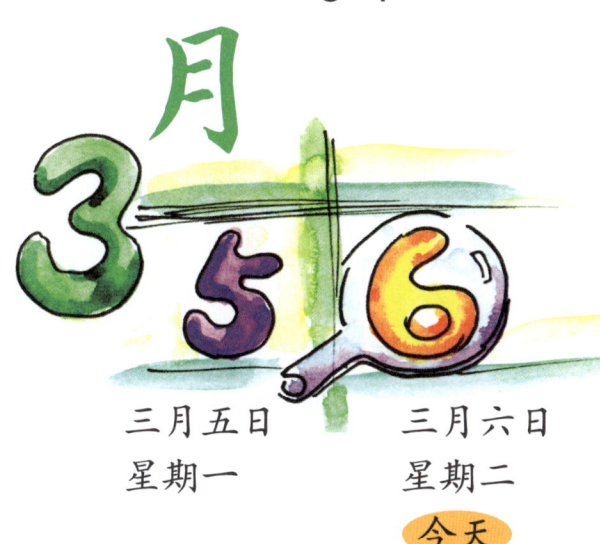

三月五日　　三月六日
星期一　　　星期二　今天

Ejemplo

A: jīn tiān xīng qī jǐ
今天星期几？
B: xīng qī èr
星期二。
A: zuó tiān jǐ yuè jǐ hào
昨天几月几号？
B: sān yuè wǔ hào
三月五号。

二月十四日　　二月十五日
星期二　　　　星期三　今天

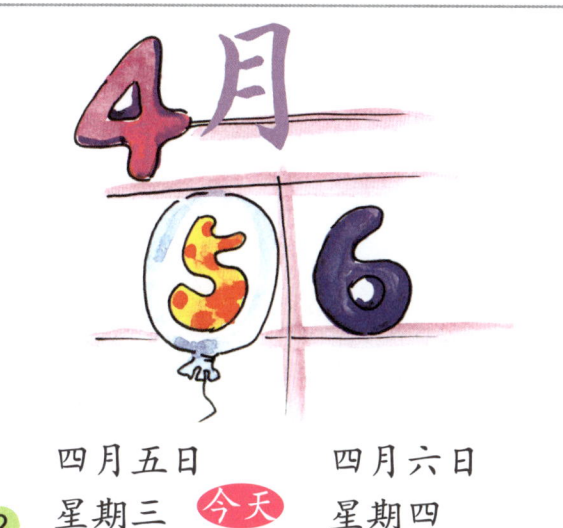

四月五日　　　四月六日
星期三　今天　星期四

1　2
3　4

五月三十一日　　六月一日
星期三　今天　　星期四

九月二十三日　　九月二十四日
星期六　　　　　星期天　今天

Unidad 2

Lección 5 Edad 年龄

Texto 1

wǒ zài èr líng líng líng nián chū
我（在）二〇〇〇年出
shēng wǒ de shēng rì shì sān
生。我的生日是三
yuè shí hào
月十号。

Vocabulario

1. 在 zài en
2. 出 chū ir; salir
   出生 chū shēng nacer
3. 的 de de
4. 生日 shēng rì cumpleaños

1 Contesta las siguientes preguntas.

1. nǐ jiào shén me míng zi
   你叫什么名字？

2. nǐ de shēng rì shì jǐ yuè jǐ hào
   你的生日是几月几号？

3. jīn tiān jǐ yuè jǐ hào
   今天几月几号？

4. jīn tiān xīng qī jǐ
   今天星期几？

5. zuó tiān jǐ yuè jǐ hào
   昨天几月几号？

6. míng tiān xīng qī jǐ
   明天星期几？

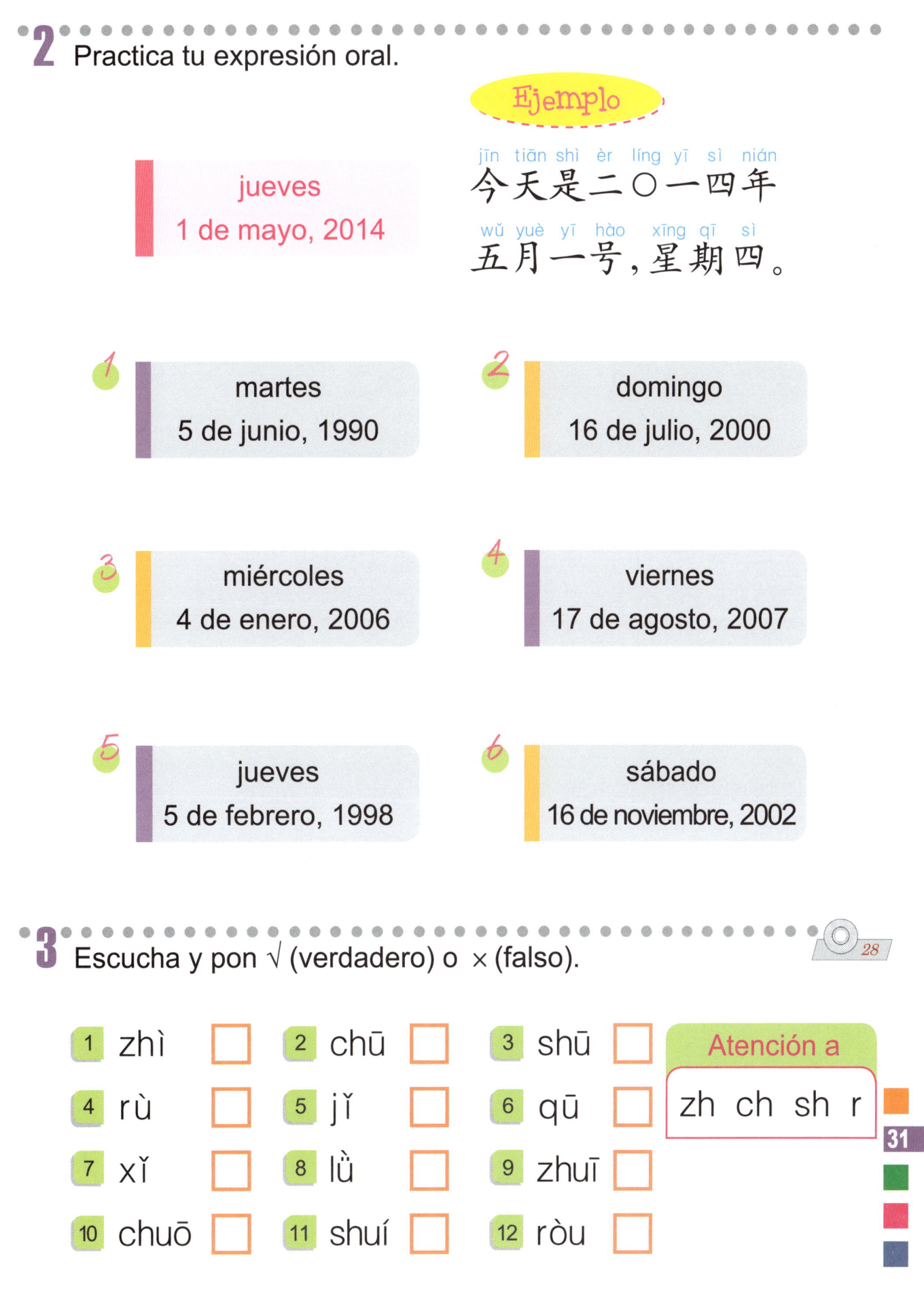

4 Contesta las siguientes preguntas según el calendario.

二〇一四年						六月
星期日	星期一	星期二	星期三	星期四	星期五	星期六
1	2 今天	3	4	5	6	7
8	9	10	11	12	13	14
15	16	17	18	19	20	21
22	23	24	25	26	27	28
29	30					

1. 今天几月几号？今天星期几？
    jīn tiān jǐ yuè jǐ hào   jīn tiān xīng qī jǐ

2. 昨天几月几号？昨天星期几？
    zuó tiān jǐ yuè jǐ hào   zuó tiān xīng qī jǐ

3. 明天几月几号？明天星期几？
    míng tiān jǐ yuè jǐ hào   míng tiān xīng qī jǐ

5 Numera los trazos según su orden de escritura.

1. zài — 再
2. jiàn — 见
3. zì — 字
4. xīng — 星
5. nián — 年
6. wǒ — 我
7. zài — 在
8. de — 的

6 Practica tu expresión oral.

jīn tiān xīng qī sì
今天星期四。

1

小月

2

3

4

5

7 Aprende los radicales.

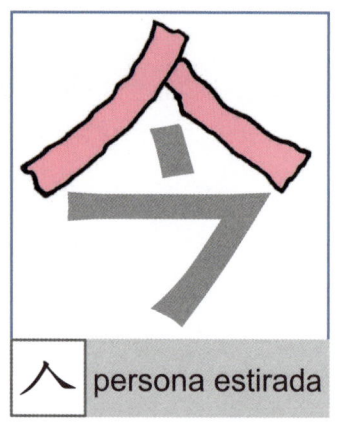 人 persona estirada

 ⺈ persona dormida

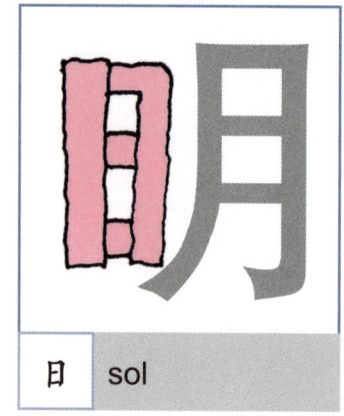 日 sol

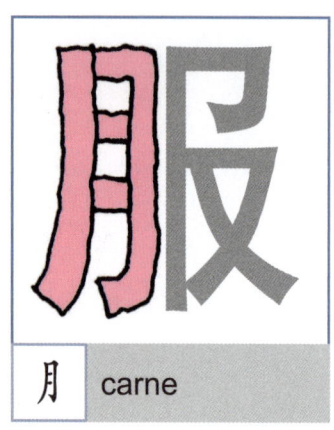 月 carne

 山 montaña

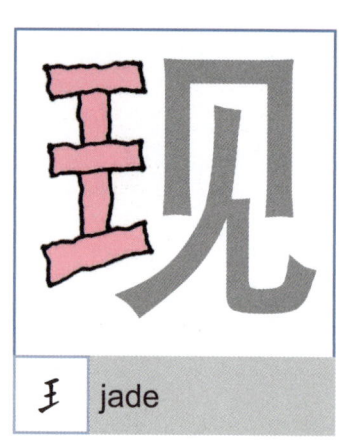 王 jade

8 Escucha y escribe las vocales con su tono.

1 zhā	2 ch___	3 sh___
4 r___	5 g___	6 k___
7 j___	8 q___	9 zh___
10 ch___	11 sh___	12 r___

34

Texto 2

● 小文，九岁　● 王星，十三岁

wáng xīng duō dà le
王星多大了？

tā shí sān suì le
他十三岁了。

xiǎo wén jǐ suì le
小文几岁了？

tā jiǔ suì le
她九岁了。

Vocabulario

1. wáng 王　rey; un apellido
2. duō 多　mucho
   duō dà 多大　qué edad
3. le 了　partícula
4. tā 他　él
5. wén 文　cultura; civilización
6. suì 岁　años (de edad)
   jǐ suì 几岁　cuántos años
7. tā 她　ella

9 Haz un diálogo para cada imagen.

Ejemplo

A: 他几岁了？ (tā jǐ suì le)
B: 他五岁了。 (tā wǔ suì le)

五岁 (wǔ suì)

NOTA

1. 多大 se suele usar para preguntar a quien tenga más de 10 años.

2. 几岁 se suele usar para preguntar a quien tenga 10 o menos de 10 años.

1.
十三岁 (shí sān suì)

2.
四十岁 (sì shí suì)

3.
三十五岁 (sān shí wǔ suì)

4.
三岁 (sān suì)

5.
九岁 (jiǔ suì)

6.
七岁 (qī suì)

10 Escucha y completa los espacios con la información pertinente.

1
_____ 出生

生日_____

今年_____

2
_____ 出生

生日_____

今年_____

3
_____ 出生

生日_____

今年_____

11 Escucha y marca el tono del pinyin.

1	zhā	2	shi	3	chi	4	ru
5	jiu	6	qi	7	xu	8	ge
9	cui	10	wen	11	duo	12	you

12 Completa las frases según el calendario.

二〇一四年

jīn tiān
1. 今天 _____

zuó tiān
2. 昨天 _____

míng tiān
3. 明天 _____

Unidad 2

Lección 6 Números de teléfono 电话号码

Texto 1

nǐ jiā de diàn huà hào mǎ shì duō shao
你家的电话号码是多少？

èr liù sān bā yāo jiǔ líng qī
二六三八一九〇七。

Vocabulario

	jiā			diàn huà			shǎo	
1.	家	familia; hogar		电话	teléfono	5.	少	poco
	diàn			mǎ			duō shao	
2.	电	electricidad	4.	码	número		多少	cuánto, cuántos
	huà			hào mǎ				
3.	话	palabra; hablar		号码	número			

1 Practica tu expresión oral.

Ejemplo

tā de diàn huà hào mǎ shì
他的电话号码是
sān líng qī liù liù wǔ sì sān
三〇七六六五四三。

NOTA

1 se pronuncia "yāo" en los números de teléfono, por ejemplo:

二六一三〇七九〇

2 Escucha y rodea el pinyin correcto.

1. zǐ zì
2. cū cù
3. sū sù
4. zhī zī
5. cí chí
6. shǐ sǐ
7. cè kè
8. chǐ qǐ
9. suì cuì

Atención a

z c s

3 Practica tu expresión oral.

nǐ hǎo
你好！

nǐ hǎo
你好！

nǐ jiào shén me míng zi
你叫什么名字？

wáng xiǎo tiān
王小天。

nǐ duō dà le
你多大了？

shí yī suì
十一岁。

nǐ jiā de diàn huà hào mǎ shì duō shao
你家的电话号码是多少？

2554 6031。

¡Ahora te toca a ti!

Haz un diálogo parecido con tu compañero.

4 Actividades.

Ejemplo

Profesor: Año Nuevo.

Alumnos: 一月一号 (yī yuè yī hào)

INSTRUCCIONES

1. Toda la clase puede participar en esta actividad.
2. El profesor dice un día especial del año en español y los alumnos dicen la fecha en chino.

5 Aprende los radicales.

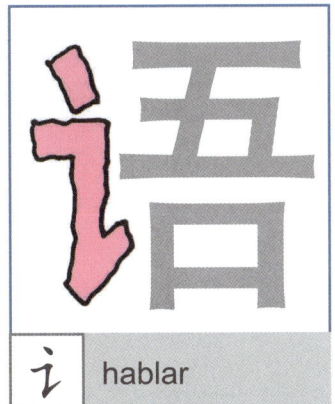

讠 hablar

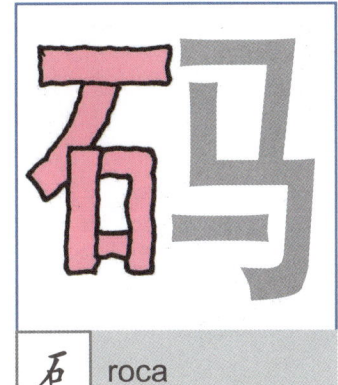

石 roca

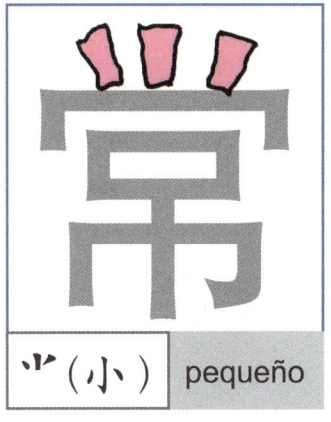

⺌(小) pequeño

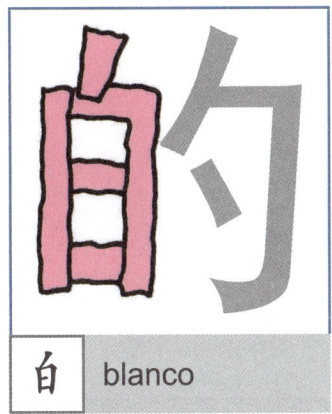

白 blanco

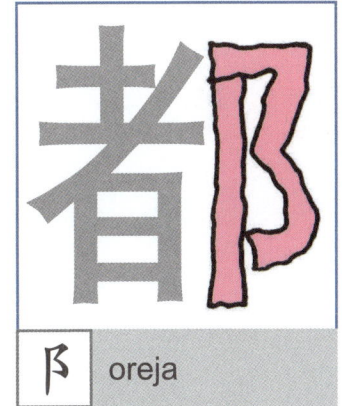

阝 oreja

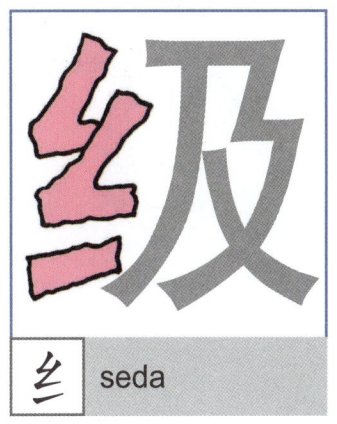

纟 seda

Texto 2

nǐ zhù zài nǎr
你住在哪儿？

wǒ zhù zài běi jīng
我住在北京。

Vocabulario

zhù
1. 住　vivir

nǎ
2. 哪　cuál

ér
3. 儿　sufijo

nǎr
哪儿　dónde

běi jīng
4. 北京　Beijing

6 Practica tu expresión oral.

Ejemplo

tā jiào wáng zhōng hé   tā jīn
她叫王中和。她今
nián shí sān suì   tā jiā de diàn
年十三岁。她家的电
huà hào mǎ shì wǔ èr qī líng
话号码是五二七〇
jiǔ yāo bā sān
九一八三。

¡Ahora te toca a ti!

Presenta a tres compañeros.

7 Escucha y escribe las vocales con su tono.

| 1 | zé | 2 | c | 3 | s | 4 | r |
| 5 | j | 6 | q | 7 | g | 8 | c |

8 Di los números en chino según las secuencias mostradas.

　　yī　sān　　wǔ　　　　　　　　　　sì shí jiǔ
　　一、三、五 ·················· 四十九

　　èr　　sì　　liù　　　　　　　　　　wǔ shí
　　二、四、六 ·················· 五十

9 Haz un diálogo para cada imagen.

北京

Ejemplo

tā zhù zài nǎr
A: 他住在哪儿？
tā zhù zài běi jīng
B: 他住在北京。

Vocabulario adicional

shàng hǎi
a) 上海　Shanghái
lún dūn
b) 伦敦　Londres
dōng jīng
c) 东京　Tokio
niǔ yuē
d) 纽约　Nueva York
bā lí
e) 巴黎　París
xiāng gǎng
f) 香港　Hong Kong

1 ⋯ 纽约

2 ⋯ 巴黎

3 ⋯ 伦敦

4 ⋯ 上海

6 ⋯ 香港

5 ⋯ 东京

10 Escucha y pon √ (verdadero) o × (falso).

1. 十二岁
2. 小月
3. 18 de mayo
4. 2565 3809
5. 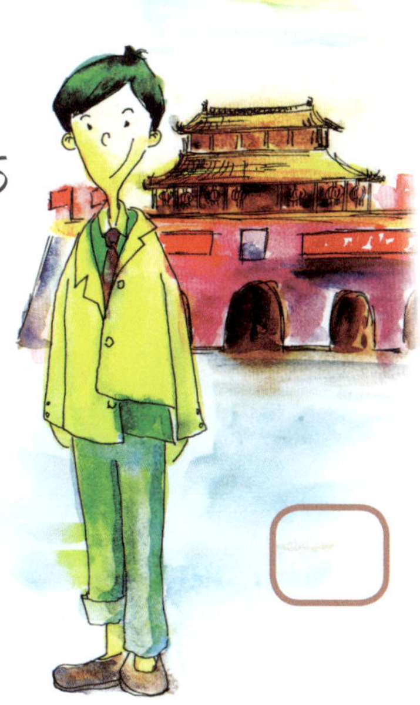
6. 三月五日 星期三

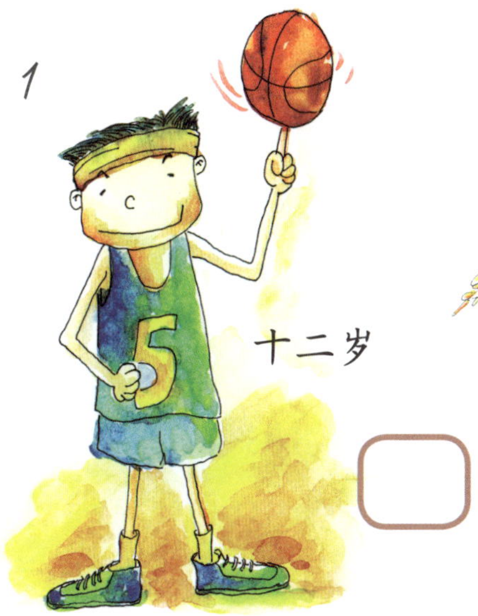

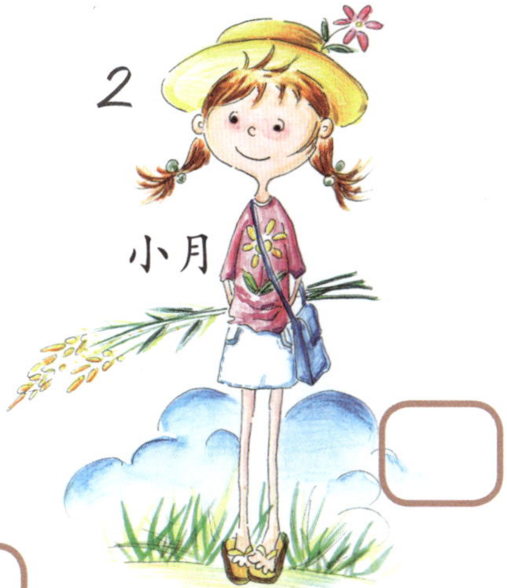

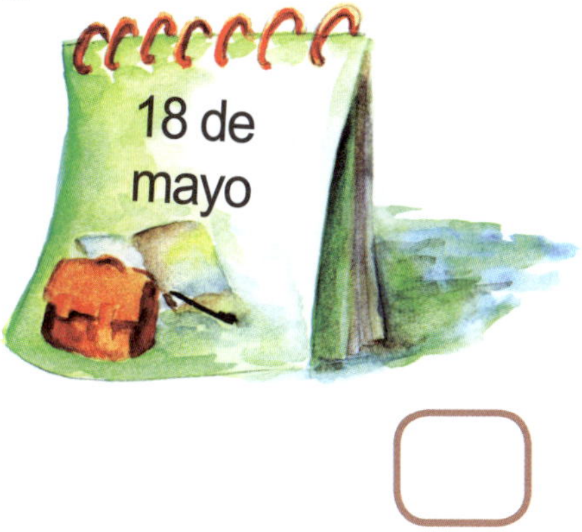

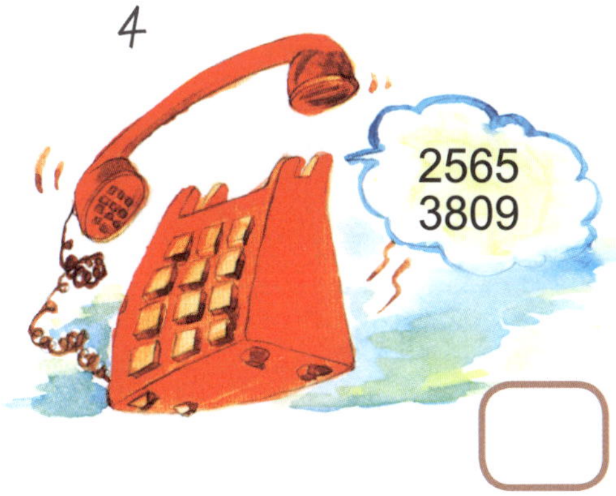

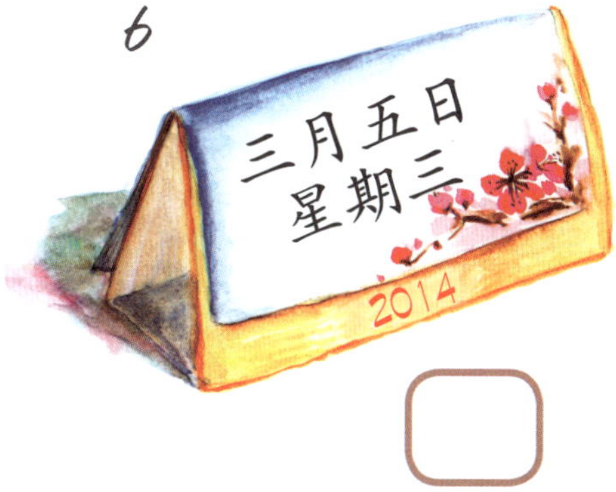

11 Dibuja la estructura de cada carácter.

1. nín 您 →
2. shī 师 →
3. zì 字 →
4. lǎo 老 →
5. hái 还 →
6. xiè 谢 →

Unidad 3

Lección 7 Miembros de la familia 家庭成员

Texto 1

我叫王星。我今年十二岁。我家有五口人：爸爸、妈妈、哥哥、姐姐和我。

Vocabulario

1. 有 yǒu tener; haber
2. 口 kǒu boca; clasificador
3. 人 rén persona
4. 爸 bà papá
5. 妈 mā mamá
   妈妈 māma mamá
6. 哥 gē hermano mayor
   爸爸 bàba papá
7. 姐 jiě hermana mayor
   姐姐 jiějie hermana mayor
8. 和 hé y

哥哥 gēge hermano mayor

1 Di lo siguiente en chino.

Vocabulario adicional

a) 妹妹 (mèi mei) hermana menor
b) 弟弟 (dì di) hermano menor

2 Escucha y pon √ (verdadero) o × (falso).

3 Practica tu expresión oral.

Ejemplo

wǒ jiā yǒu sān kǒu rén
我家有三口人：
bà ba　mā ma　hé
爸爸、妈妈和
wǒ　　wǒ jiā zhù zài
我。我家住在
xiāng gǎng
香 港。

NOTA

1. 口 es un clasificador, por ejemplo:

   我家有三口人。

2. En chino el signo de puntuación " 、 " se usa para enumerar una serie de sustantivos, etc., por ejemplo:

   爸爸、妈妈和我。

4 Uso del diccionario.

¡Ahora te toca a ti!

Busca los siguientes caracteres en un diccionario chino y escribe sus significados.

> **NOTA**
>
> **Buscar un carácter con pinyin en un diccionario chino.**
>
> 1. Un carácter con pinyin se busca en un diccionario de chino de la misma manera que se busca una palabra en un diccionario de español.
>
> 2. La única diferencia es que los caracteres chinos tienen cuatro tonos (algunos tienen tono neutro). El orden de los tonos es primero, segundo, tercero, cuarto y neutro.
>
> 3. Si quieres buscar 我 (wǒ) ve a la página en la que está wǒ, busca el tercer tono wǒ y verás el carácter 我 (wǒ), que significa "yo".

5 Aprende los radicales.

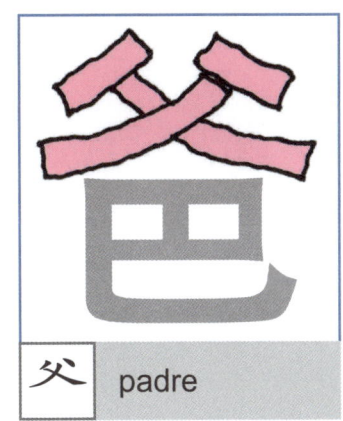
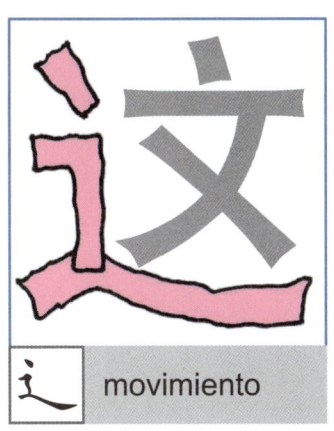
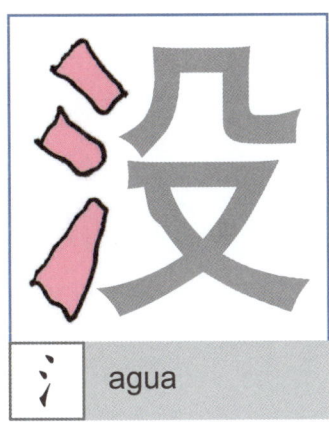
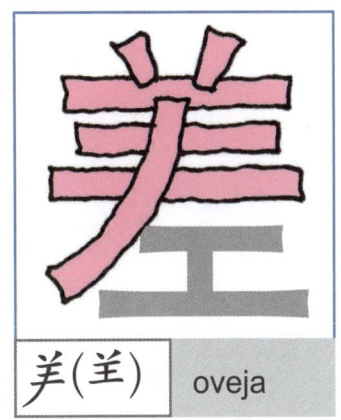
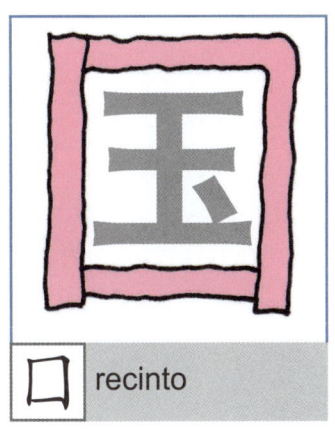

Texto 2

^{nǐ jiā yǒu jǐ kǒu rén}
你家有几口人？

^{wǔ kǒu rén}
五口人。

^{nǐ jiā yǒu shuí}
你家有谁？

^{bà ba　mā ma　dì di}
爸爸、妈妈、弟弟、
^{mèi mei hé wǒ}
妹妹和我。

^{zhè ge rén shì shuí}
这个人是谁？

^{wǒ mèi mei}
我妹妹。

^{nà ge rén shì shuí}
那个人是谁？

^{wǒ dì di}
我弟弟。

Vocabulario

1. ^{shuí}谁　quién

2. ^{dì}弟　hermano menor

   ^{dì di}弟弟　hermano menor

3. ^{mèi}妹　hermana menor

   ^{mèi mei}妹妹　hermana menor

4. ^{zhè}这　esto; este/a

5. ^{gè}个　clasificador

6. ^{nà}那　eso; ese/a

6 Continúa el diálogo mencionando a cada personaje.

7 Escucha y marca el tono del pinyin.

1. ya   2. wo   3. yi

4. wu   5. yong   6. wen

7. wai   8. yue   9. you

Atención a

y w

8 Tarea en grupo. Intenta pronunciar correctamente.

1. yù wǔ   2. zī chī

3. chì cì   4. gè cè

5. dì tì   6. nǔ lǔ

7. guì kuì   8. léi lái

9. zhé zé   10. piě tiě

9 Numera los trazos según su orden de escritura.

1. gē
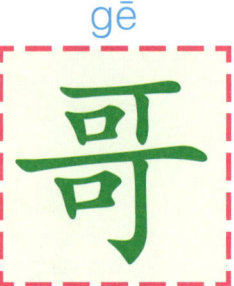

2. hé

3. jiě

4. yǒu

10 Haz un diálogo para cada imagen.

Ejemplo

A: tā shì shuí
   她是谁？
B: tā jiào wáng tiān yī
   她叫王天一。
   tā jīn nián shí yī suì
   她今年十一岁。

Unidad 3

Lección 8 Presentación personal 自我介绍

Texto 1

我叫王小明，今年十三岁。我没有兄弟姐妹。我(在)二〇〇一年出生。我的生日是十二月八日。我是中学生。我上七年级。我住在香港。

Vocabulario

1. 没 méi no
   没有 méi yǒu no tener; no haber
2. 兄 xiōng hermano mayor
   兄弟姐妹 xiōng dì jiě mèi hermanos y hermanas
3. 中 zhōng medio
4. 学 xué estudiar
   学生 xué sheng estudiante
   中学生 zhōng xué shēng estudiante de escuela secundaria
5. 上 shàng arriba; ir; subir
6. 级 jí grado
   年级 nián jí grado
7. 香港 xiāng gǎng Hong Kong

1 Practica tu expresión oral.

Ejemplo

wǒ jiào dōng dong， jīn nián shí
我叫东东，今年十
suì　　wǒ shì xiǎo xué shēng
岁。我是小学生
(estudiante de escuela primaria)，
shàng wǔ nián jí　　wǒ jiā yǒu sān
上五年级。我家有三
kǒu rén　　bà ba　mā ma hé
口人：爸爸、妈妈和
wǒ
我。

东东：
十岁
小学生
五年级

小文：
九岁
小学生
四年级

王星：
十二岁
中学生
七年级

大生：
十一岁
小学生
六年级

¡Ahora te toca a ti!

Preséntate a ti mismo y a tu familia.

2 Escucha y rodea el pinyin correcto.

1	wǎi wāi	2	lái lài	Atención a
3	cuì cuǐ	4	shuí shuì	ai ei ui
5	sāi shāi	6	léi lēi	
7	duī tuī	8	zài zhài	9 hēi gěi

3 Uso del diccionario.

¡Ahora te toca a ti!

Busca los siguientes caracteres en un diccionario chino y escribe sus significados.

1. 万
2. 州
3. 么
4. 远
5. 吃
6. 汗
7. 说
8. 玩

NOTA

Buscar un carácter sin pinyin en un diccionario chino.

1. En primer lugar, necesitas distinguir qué tipo de radical contiene el carácter.

2. Existen tres tipos de radicales: Radicales de un trazo, por ejemplo 丶, 一, 丨, 丿, 乀, etc.; radicales que no son caracteres simples, por ejemplo 辶, 阝, etc.; y los caracteres simples, por ejemplo 大, 火, 木, etc..

3. Debemos seguir los siguientes pasos para buscar un carácter sin pinyin en un diccionario chino.

    a) Encontrar el radical.

    b) Contar sus trazos, ir al índice de radicales y buscarlo.

    c) Ir a la página que se indica para el radical.

    d) Contar los trazos del resto del carácter y localizarlo en el grupo de los que tienen ese número de trazos. A su lado se indica un número de página.

    e) Ir a esa página y buscar el carácter que necesitas.

4 Practica tu expresión oral.

Ejemplo

<ruby>我<rt>wǒ</rt></ruby><ruby>叫<rt>jiào</rt></ruby><ruby>多<rt>duō</rt></ruby><ruby>多<rt>duo</rt></ruby>，<ruby>今<rt>jīn</rt></ruby><ruby>年<rt>nián</rt></ruby><ruby>八<rt>bā</rt></ruby><ruby>岁<rt>suì</rt></ruby>。<ruby>我<rt>wǒ</rt></ruby><ruby>家<rt>jiā</rt></ruby><ruby>有<rt>yǒu</rt></ruby><ruby>四<rt>sì</rt></ruby><ruby>口<rt>kǒu</rt></ruby><ruby>人<rt>rén</rt></ruby>：<ruby>爸<rt>bà</rt></ruby><ruby>爸<rt>ba</rt></ruby>、<ruby>妈<rt>mā</rt></ruby><ruby>妈<rt>ma</rt></ruby>、<ruby>一<rt>yí</rt></ruby><ruby>个<rt>ge</rt></ruby><ruby>弟<rt>dì</rt></ruby><ruby>弟<rt>di</rt></ruby><ruby>和<rt>hé</rt></ruby><ruby>我<rt>wǒ</rt></ruby>。<ruby>我<rt>wǒ</rt></ruby><ruby>是<rt>shì</rt></ruby><ruby>小<rt>xiǎo</rt></ruby><ruby>学<rt>xué</rt></ruby><ruby>生<rt>shēng</rt></ruby>，<ruby>上<rt>shàng</rt></ruby><ruby>三<rt>sān</rt></ruby><ruby>年<rt>nián</rt></ruby><ruby>级<rt>jí</rt></ruby>。<ruby>我<rt>wǒ</rt></ruby><ruby>弟<rt>dì</rt></ruby><ruby>弟<rt>di</rt></ruby><ruby>今<rt>jīn</rt></ruby><ruby>年<rt>nián</rt></ruby><ruby>六<rt>liù</rt></ruby><ruby>岁<rt>suì</rt></ruby>，<ruby>上<rt>shàng</rt></ruby><ruby>一<rt>yī</rt></ruby><ruby>年<rt>nián</rt></ruby><ruby>级<rt>jí</rt></ruby>。

¡Ahora te toca a ti!

Haz una presentación parecida de tu familia.

5 Actividades.

Ejemplo

1. <ruby>电<rt>diàn</rt></ruby><ruby>话<rt>huà</rt></ruby><ruby>号<rt>hào</rt></ruby><ruby>码<rt>mǎ</rt></ruby>
2. <ruby>我<rt>wǒ</rt></ruby><ruby>家<rt>jiā</rt></ruby><ruby>有<rt>yǒu</rt></ruby><ruby>三<rt>sān</rt></ruby><ruby>口<rt>kǒu</rt></ruby><ruby>人<rt>rén</rt></ruby>：<ruby>爸<rt>bà</rt></ruby><ruby>爸<rt>ba</rt></ruby>、<ruby>妈<rt>mā</rt></ruby><ruby>妈<rt>ma</rt></ruby><ruby>和<rt>hé</rt></ruby><ruby>我<rt>wǒ</rt></ruby>。

INSTRUCCIONES

1. Se divide la clase en grupos pequeños.

2. El profesor dice una frase en voz baja al oído de un miembro de cada grupo y la frase se transmite de este modo hasta llegar al último.

3. Si el último alumno puede repetir la frase exactamente igual a la que ha dicho el profesor, el grupo gana un punto.

6 Aprende los radicales.

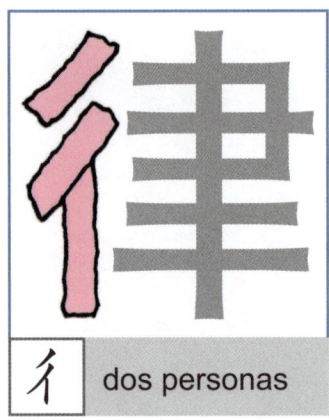 亻 dos personas

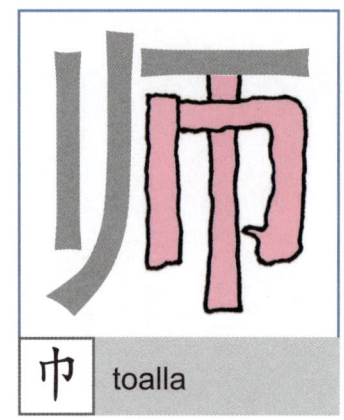 巾 toalla

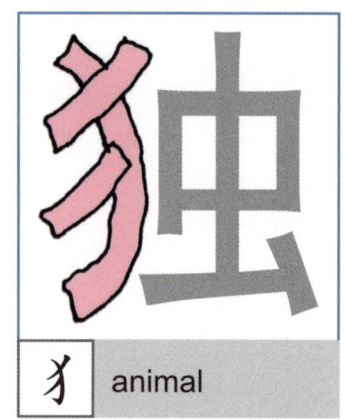 犭 animal

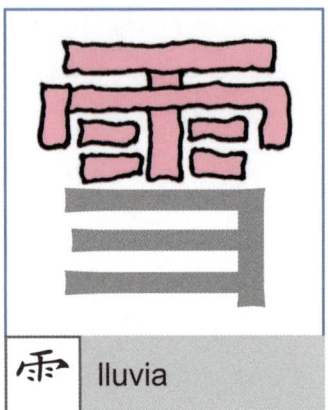 雨 lluvia

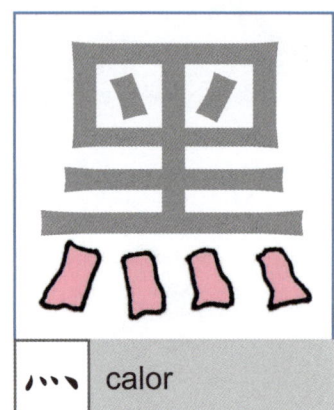 灬 calor

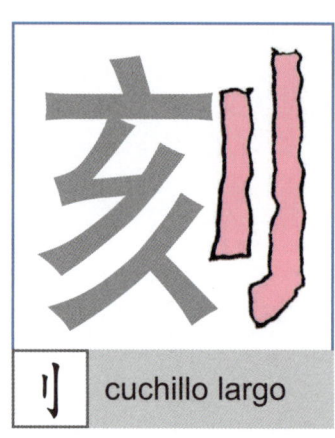 刂 cuchillo largo

7 Actividades.

Ejemplo

1. kōng tiáo 空调
2. gù gōng 故宫
3. cháng chéng 长城
4. guā fēng 刮风
5. bīng xiāng 冰箱
6. xià yǔ 下雨
7. dǎ léi 打雷
8. shā fā 沙发
9. qì chē 汽车
10. huá xuě 滑雪

INSTRUCCIONES

1 Se divide la clase en grupos de 3 o 4 alumnos.

2 El profesor prepara algunas palabras nuevas con pinyin.

3 Los grupos buscan estas palabras en un diccionario chino. Gana el grupo que encuentre más significados correctos en un tiempo dado.

Texto 2

^{nǐ shì zhōng xué shēng ma}
你是中学生吗？

^{bú shì wǒ shì xiǎo xué shēng}
不是，我是小学生。

^{nǐ jīn nián shàng jǐ nián jí}
你今年上几年级？

^{liù nián jí}
六年级。

^{nǐ shì nǎ guó rén}
你是哪国人？

^{zhōng guó rén nǐ ne}
中国人。你呢？

^{wǒ yí bàn shì zhōng guó rén yí bàn}
我一半是中国人，一半
^{shì xī bān yá rén}
是西班牙人。

Vocabulario

1. 吗 (ma) partícula interrogativa
2. 不 (bù) no
3. 小学生 (xiǎo xué shēng) estudiante de escuela primaria
4. 呢 (ne) partícula interrogativa
5. 半 (bàn) mitad
6. 一半 (yí bàn) mitad
7. 国 (guó) país
8. 中国 (zhōng guó) China
9. 中国人 (zhōng guó rén) chino/a (persona)
10. 西班牙 (xī bān yá) España
11. 西班牙人 (xī bān yá rén) español/a (persona)

8 Haz un diálogo con tu compañero.

《 Preguntas modelo:

1. nǐ jiào shén me míng zi
   你叫什么名字?
2. nǐ jīn nián duō dà le
   你今年多大了?
3. nǐ shàng jǐ nián jí
   你上几年级?
4. nǐ jiā yǒu jǐ kǒu rén
   你家有几口人?
   yǒu shuí
   有谁?
5. nǐ shì nǎ guó rén
   你是哪国人?
6. nǐ zhù zài nǎr
   你住在哪儿?
7. jīn tiān jǐ yuè jǐ hào
   今天几月几号?
8. jīn tiān xīng qī jǐ
   今天星期几?
9. nǐ jiā de diàn huà hào mǎ shì duō shao
   你家的电话号码是多少?

Vocabulario adicional

a) yīng guó / yīng guó rén
   英国 / 英国人
   Gran Bretaña / británico/a (persona)

b) jiā ná dà / jiā ná dà rén
   加拿大 / 加拿大人
   Canadá / canadiense (persona)

c) dé guó / dé guó rén
   德国 / 德国人
   Alemania / alemán, alemana (persona)

d) fǎ guó / fǎ guó rén
   法国 / 法国人
   Francia / francés, francesa (persona)

e) měi guó / měi guó rén
   美国 / 美国人
   Estados Unidos / estadounidense (persona)

f) rì běn / rì běn rén
   日本 / 日本人
   Japón / japonés, japonesa (persona)

g) ào dà lì yà / ào dà lì yà rén
   澳大利亚 / 澳大利亚人
   Australia / australiano/a (persona)

9 Actividades.

Ejemplo

Profesor:

Alumnos: zhōng guó
         中国

INSTRUCCIONES

1. Toda la clase puede participar en esta actividad.
2. Cuando el profesor muestre una bandera, los alumnos deberán decir el nombre del país al que pertenece en chino.

10 Practica tu expresión oral.

Ejemplo

_{nǐ hǎo} _{wǒ jiào wáng xiǎo míng}
你好！我叫王小明。
_{wǒ jīn nián shí sān suì} _{shàng qī}
我今年十三岁，上七
_{nián jí} _{wǒ èr líng líng yī nián}
年级。我二〇〇一年
_{chū shēng} _{wǒ de shēng rì shì shí}
出生。我的生日是十
_{èr yuè bā hào}
二月八号。
_{wǒ jiā yǒu sān kǒu rén} _{bà ba}
我家有三口人：爸爸、
_{mā ma hé wǒ} _{wǒ méi yǒu xiōng dì jiě mèi} _{wǒ zhù zài xiāng}
妈妈和我。我没有兄弟姐妹。我住在香
_{gǎng} _{wǒ jiā de diàn huà hào mǎ shì èr wǔ wǔ liù qī yāo líng}
港。我家的电话号码是二五五六七一〇
_{jiǔ} _{zài jiàn}
九。再见！

¡Ahora te toca a ti!

Haz un video parecido y envíalo a un amigo de internet.

11 Escucha y marca las respuestas correctas.

① a)中学生 ☐
　 b)小学生 ☐

② a)四年级 ☐
　 b)五年级 ☐

③ a)中国人 ☐
　 b)美国人 ☐

④ a)姐姐 ☐
　 b)哥哥 ☐

⑤ a)十月三十日 ☐
　 b)一月十三日 ☐

⑥ a)住在北京 ☐
　 b)住在东京 ☐

Unidad 3

Lección 9   Profesiones   职业

Texto 1

wǒ jiào dà shēng。zhè shì wǒ de yì
我 叫 大 生。这 是 我 的 一
jiā。wǒ jiā yǒu sì kǒu rén：bà
家。我 家 有 四 口 人：爸
ba、mā ma、jiě jie hé
爸、妈 妈、姐 姐 和
wǒ。wǒ bà ba gōng zuò,
我。我 爸 爸 工 作,
wǒ mā ma yě gōng zuò。
我 妈 妈 也 工 作。
wǒ bà ba shì lǜ shī,
我 爸 爸 是 律 师,
wǒ mā ma shì lǎo shī。
我 妈 妈 是 老 师。
wǒ men yì jiā rén zhù zài
我 们 一 家 人 住 在
shàng hǎi。
上 海。

Vocabulario

1. 工 gōng   trabajo
2. 作 zuò   ejercer
   工作 gōng zuò   trabajar; trabajo
3. 也 yě   también
4. 律 lǜ   ley

5. 师 shī   profesor/a; maestro/a
   律师 lǜ shī   abogado/a
6. 老 lǎo   viejo; con experiencia
   老师 lǎo shī   profesor/a
7. 们 men   sufijo del plural

8. 我们 wǒ men   nosotros/as
9. 一家人 yì jiā rén   la familia
10. 上海 shàng hǎi   Shanghái

1 Haz las siguientes preguntas a tus compañeros.

Preguntas	是	不是
nǐ bà ba shì lǜ shī ma 1. 你爸爸是律师吗?	正	下
nǐ mā ma shì lǎo shī ma 2. 你妈妈是老师吗?		
nǐ bà ba shì shāng rén ma 3. 你爸爸是商人吗?		
nǐ mā ma shì hù shi ma 4. 你妈妈是护士吗?		
nǐ bà ba shì yī shēng ma 5. 你爸爸是医生吗?		
nǐ mā ma shì mì shū ma 6. 你妈妈是秘书吗?		
nǐ bà ba shì sī jī ma 7. 你爸爸是司机吗?		
nǐ mā ma shì jīng lǐ ma 8. 你妈妈是经理吗?		

Vocabulario adicional

a) shāng rén
 商人
 hombre de negocios

b) hù shi
 护士
 enfermero/a

c) yī shēng
 医生
 médico/a

d) mì shū
 秘书
 secretario/a

e) jīng lǐ
 经理
 director/a (de una empresa)

f) sī jī
 司机
 conductor/a

2 Actividades.

Ejemplo

中学	没有	中国
年级	那	电话
星期	昨天	今年
哪儿	多少	这

INSTRUCCIONES

1 Se divide la clase en dos grupos.

2 El profesor coloca 10-15 tarjetas con palabras en la pizarra. Los alumnos tienen 2-3 minutos para memorizarlas.

3 Luego el profesor quita una de las palabras a escondidas y los alumnos tienen que decir cuál es.

3 Haz un diálogo telefónico con tu compañero.

Preguntas modelo:

1. nǐ jiào shén me míng zi
   你叫什么名字？
2. nǐ duō dà le
   你多大了？
3. nǐ shàng jǐ nián jí
   你上几年级？
4. nǐ de shēng rì shì jǐ yuè jǐ hào
   你的生日是几月几号？
5. nǐ jiā yǒu jǐ kǒu rén yǒu shuí
   你家有几口人？有谁？
6. nǐ shì nǎ guó rén
   你是哪国人？
7. nǐ bà ba gōng zuò ma
   你爸爸工作吗？
8. nǐ mā ma gōng zuò ma
   你妈妈工作吗？
9. nǐ jiā zhù zài nǎr
   你家住在哪儿？
10. nǐ jiā de diàn huà hào mǎ shì duō shao
    你家的电话号码是多少？

4 Escucha y marca el tono del pinyin.

1 shui	2 jiu	3 zou
4 tao	5 shou	6 gao
7 xiu	8 lou	9 qiu
10 rou	11 yao	12 liu

Atención a
ao ou iu

5 Aprende los radicales.

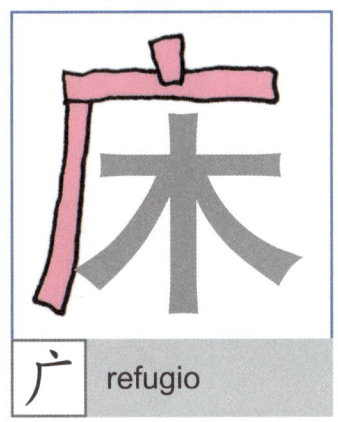
广 refugio

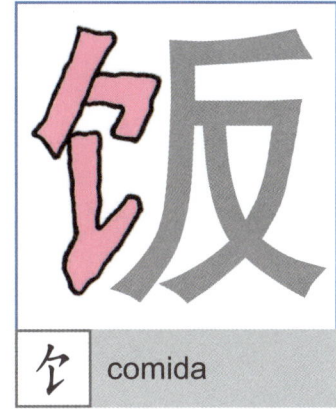
饣 comida

方 cuadrado

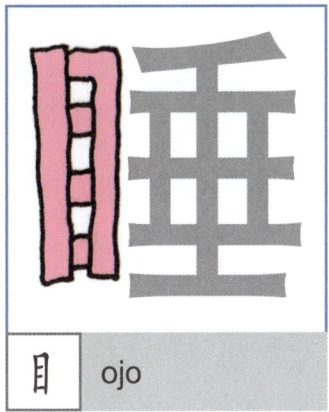
目 ojo

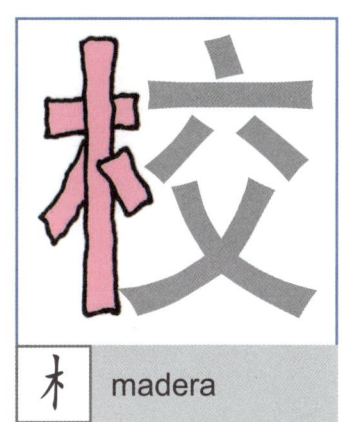
木 madera

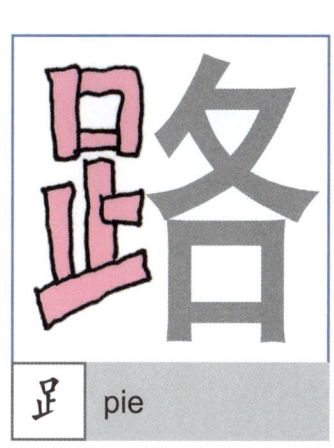
⻊ pie

6 Actividades.

Ejemplo

① 零 _____   ⑤ 红 _____

② 刻 _____   ⑥ 黑 _____

③ 饭 _____   ⑦ 橙 _____

④ 睡 _____   ⑧ 嘴 _____

INSTRUCCIONES

1 Se divide la clase en parejas.

2 El profesor prepara 8-10 caracteres sin pinyin y las parejas tienen que buscar sus significados en el diccionario.

3 Gana la primera pareja que encuentre el significado correcto de todos los caracteres.

Texto 2

nǐ yǒu xiōng dì jiě mèi ma
你有兄弟姐妹吗？

méi yǒu　 wǒ shì dú shēng nǚ
没有。我是独生女。

wǒ shì dú shēng zǐ　nǐ mā
我是独生子。你妈
ma gōng zuò ma
妈工作吗？

gōng zuò　 nǐ mā ma ne
工作。你妈妈呢？

tā yě gōng zuò　 tā shì shāng rén
她也工作。她是商人。
nǐ mā ma zuò shén me gōng zuò
你妈妈做什么工作？

tā shì mì shū
她是秘书。

Vocabulario

　dú
1. 独　solo

　nǚ
2. 女　mujer; hija

　dú shēng nǚ
　独生女　hija única

　zǐ
3. 子　hijo; niño

dú shēng zǐ
独生子　hijo único

shāng
4. 商　negocio

shāng rén
商人　hombre de negocios

zuò
5. 做　hacer

mì
6. 秘　secreto

shū
7. 书　libro

mì shū
秘书　secretario/a

7 Practica tu expresión oral.

Ejemplo

tā shì lǎo shī
她是老师。
tā shì zhōng guó rén
她是中国人。

老师／中国人

1. 律师／西班牙人

2. 护士／加拿大人

3. 司机／日本人

4. 经理／法国人

5. 秘书／德国人

6. 医生／英国人

8 Formula una pregunta con cada palabra interrogativa.

1. shén me 什么：_____
2. jǐ 几：_____
3. nǎ guó rén 哪国人：_____
4. nǎr 哪儿：_____
5. ma 吗：_____
6. shuí 谁：_____

9 Escucha y marca las respuestas correctas.

1.
a) 她是独生女。 ☐
b) 她没有兄弟姐妹。 ☐
c) 她有一个哥哥。 ☐

2.
a) 我上七年级。 ☐
b) 我上六年级。 ☐
c) 我上八年级。 ☐

3.
a) 我家住在上海。 ☐
b) 我家住在香港。 ☐
c) 我家住在北京。 ☐

4.
a) 十月五号。 ☐
b) 星期五。 ☐
c) 五月十号。 ☐

5.
a) 我爸爸不工作。 ☐
b) 我爸爸工作。 ☐
c) 我妈妈工作。 ☐

6.
a) 我妈妈是律师。 ☐
b) 我妈妈是老师。 ☐
c) 我妈妈不工作。 ☐

10 Dibuja la estructura de cada carácter.

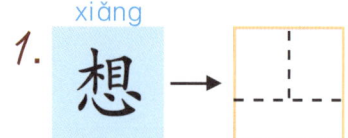

1. xiǎng 想 →
2. jìn 进 →
3. tuǐ 腿 →
4. kù 裤 →
5. qǐ 起 →
6. yán 颜 →

11 Practica tu expresión oral.

nǐ yǒu xiōng dì jiě mèi ma
你有兄弟姐妹吗？

méi yǒu wǒ shì dú shēng nǚ nǐ ne
没有。我是独生女。你呢？

wǒ yǒu yí ge dì di
我有一个弟弟。

nǐ dì di jǐ suì le
你弟弟几岁了？

wǔ suì nǐ bà ba gōng zuò ma
五岁。你爸爸工作吗？

gōng zuò tā shì lǜ shī nǐ bà ba ne
工作。他是律师。你爸爸呢？

tā shì lǎo shī
他是老师。

¡Ahora te toca a ti!

Haz un diálogo parecido con tu compañero.

12 Escucha y contesta las preguntas en chino.

1 她家有几口人？

2 她爸爸做什么工作？

3 她哥哥多大了？

4 她哥哥今年上几年级？

5 她妹妹今年几岁了？

6 她妹妹是中学生吗？

Unidad 4

Lección 10   La hora   时间

Texto 1

1
shí diǎn
十点

2
liù diǎn líng wǔ fēn
六点零五分

3
qī diǎn shí fēn
七点十分

4
jiǔ diǎn yí kè
九点一刻

5
liǎng diǎn bàn
两点半

6
shí yī diǎn sān kè
十一点三刻

Vocabulario

1. 点 diǎn hora
   十点 shí diǎn las diez (horas)
2. 零 líng cero
3. 分 fēn minuto

   五分 wǔ fēn cinco minutos
4. 刻 kè cuarto (de hora)
5. 两 liǎng dos

1 Practica tu expresión oral.

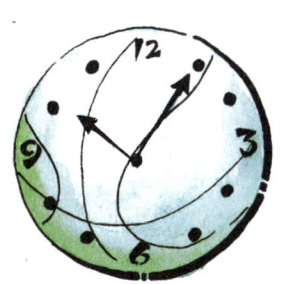

Ejemplo

shí diǎn líng wǔ fēn
十点零五分

2 Escucha y escribe las vocales con su tono.

1 ___	2 x ___	3 b ___
4 j ___	5 l ___	6 q ___
7 x ___	8 n ___	9 ___
10 y ___	11 t ___	12 p ___

Atención a

ie üe er

3. Tarea en grupo. Intenta completar las siguientes preguntas.

1. nǐ jiào
   你叫 _____ ?

2. nǐ jiā yǒu
   你家有 _____ ?

3. nǐ yǒu jǐ ge
   你有几个 _____ ?

4. nǐ jīn nián ... le
   你今年 _____ 了?

5. nǐ shàng
   你上 _____ ?

6. nǐ shì
   你是 _____ ?

7. nǐ de shēng rì shì
   你的生日是 _____ ?

8. nǐ zhù zài
   你住在 _____ ?

9. nǐ bà ba zuò
   你爸爸做 _____ ?

10. nǐ jiā de diàn huà hào mǎ
    你家的电话号码 ___ ?

4. Escucha y marca las respuestas correctas.

63

1
a) 14:15 ☐
b) 14:30 ☐

2
a) ☐   b) ☐

3
a) 九点零三分 ☐
b) 九点三十分 ☐

4
a) 07:55 ☐
b) 08:05 ☐

5
a) ☐   b) ☐

6
a) 十二点零五分 ☐
b) 十点二十五分 ☐

5 Aprende los radicales.

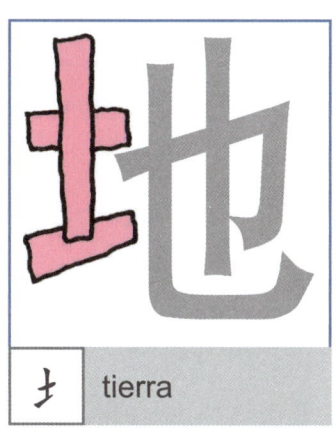
土 tierra

又 otra vez

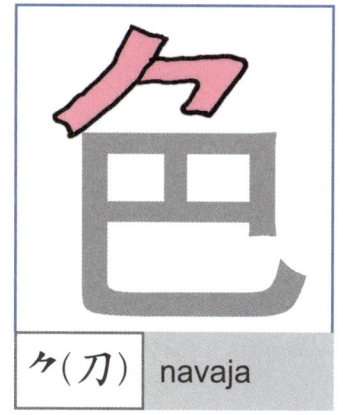
夕(刀) navaja

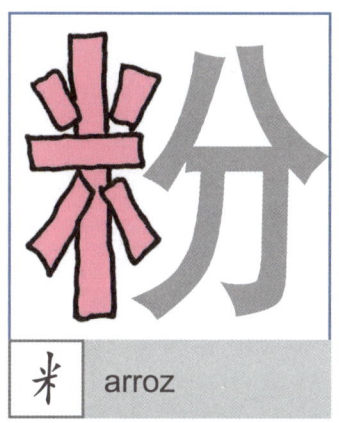
米 arroz

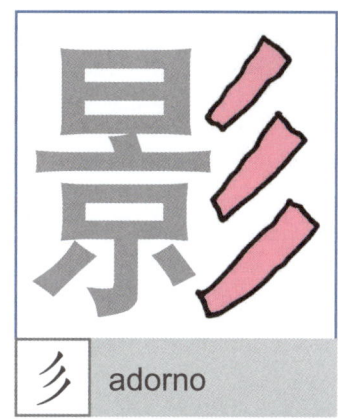
彡 adorno

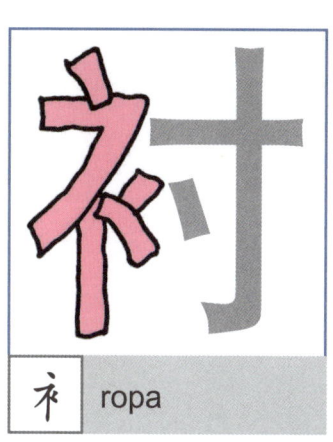
衤 ropa

6 Actividades.

Profesor: 八点一刻　bā diǎn yí kè
Alumno:

INSTRUCCIONES

1　Se divide la clase en dos grupos.

2　El profesor dice una hora en chino y un alumno de cada grupo tiene que situar las dos agujas del reloj en su sitio correspondiente.

Texto 2

Vocabulario

1. 现 presente
   现在 ahora
2. 表 reloj
3. 差 faltar

7 Practica tu expresión oral.

8 Escribe los caracteres que faltan para formar palabras o expresiones.

	míng		duō		mì		hào
1	名	2	多	3	秘	4	号
	shén		nǎ		xiàn		nián
5	什	6	哪	7	现	8	年
	xīng		méi		lǎo		shēng
9	星	10	没	11	老	12	生
	chū		dú		gōng		míng
13	出	14	独	15	工	16	明
	diàn		shāng		xué		yī
17	电	18	商	19	学	20	一

9 Actividades.

INSTRUCCIONES

1. Se divide la clase en dos grupos.

2. El profesor dice dos números de un solo dígito y los alumnos dicen su producto en chino.

10 Escucha y pon las agujas en los relojes.

11 Actividades.

Ejemplo

3:45
9:20
7:05
12:30

九点二十分

三点三刻

十二点半

七点零五分

INSTRUCCIONES

1. Toda la clase puede participar en esta actividad.

2. El profesor prepara unas tarjetas con horas escritas con caracteres y otras con horas escritas con números.

3. Cada alumno recibe una tarjeta y tiene que buscar por el aula la hora que coincide con la suya.

12 Haz un diálogo para cada imagen.

Ejemplo

A: xiàn zài jǐ diǎn
现在几点？
B: chà shí fēn jiǔ diǎn
差十分九点。

13 Rodea el pinyin correcto.

1 什 shén sén	2 你 nín nǐ	3 妹 méi mèi
4 期 chī qī	5 哥 zhé gē	6 再 zhài zài
7 号 hào hòu	8 半 bàn bàng	9 国 gǒu guó

Unidad 4

Lección 11   Rutina diaria   日常起居

Texto 1

①

| 5:00-8:00 | | 12:00 | | 18:00-24:00 |

zǎo shang　　shàng wǔ　　zhōng wǔ　　xià wǔ　　wǎn shang

早上　　上午　　中午　　下午　　晚上

②

zǎo shang qī diǎn　　　　　　　　　　shàng wǔ shí diǎn
早上七点　　　　　　　　　　　　　上午十点

zhōng wǔ shí èr diǎn　　　xià wǔ sì diǎn　　　wǎn shang bā diǎn
中午十二点　　　　　　下午四点　　　　晚上八点

Vocabulario

1. zǎo 早 temprano; mañana; pronto
   zǎo shang 早上 (por la) mañana (temprano)
2. wǔ 午 mediodía

shàng wǔ 上午 (por la) mañana
zhōng wǔ 中午 (al) mediodía
3. xià 下 abajo; bajar

xià wǔ 下午 (por la) tarde
4. wǎn 晚 tarde; noche
   wǎn shang 晚上 (por la) noche

1 Haz un diálogo para cada imagen.

2 Actividades.

Ejemplo

1 xiào chē 校车

2 huǒ chē 火车

INSTRUCCIONES

1 Se divide la clase en grupos pequeños.

2 El profesor prepara palabras nuevas con pinyin. Cada grupo tiene que buscarlas en un diccionario chino.

3 Gana el primer grupo que encuentre el significado correcto de todas las palabras.

3 Practica tu expresión oral.

Ejemplo

16:45

xià wǔ sì diǎn sān kè
下午四点三刻

1. 23:00		5. 16:45	
2. 07:30		6. 20:05	
3. 12:30		7. 10:55	
4. 07:05		8. 05:35	

4 Actividades.

Ejemplo

么 她 班
中 住 香
生 明 做
期 儿 零

INSTRUCCIONES

1 Se divide la clase en grupos pequeños.

2 El profesor prepara doce caracteres con un número de trazos de 2 a 13. Se revuelven estos caracteres. Cada grupo tiene que ordenarlos por número de trazos.

3 Gana el primer grupo que acaba correctamente la tarea.

5 Aprende los radicales.

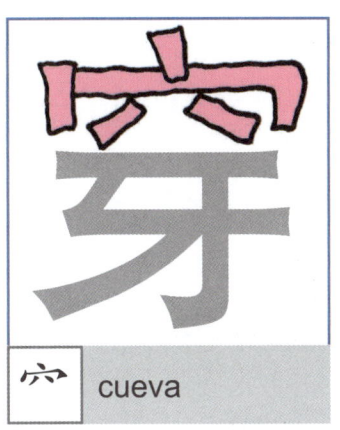 穴 cueva
 矢 flecha
 页 página
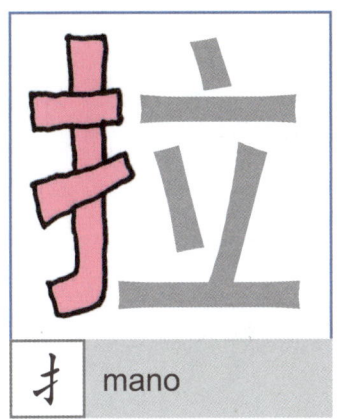 扌 mano
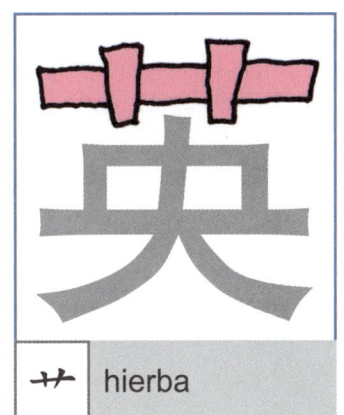 艹 hierba
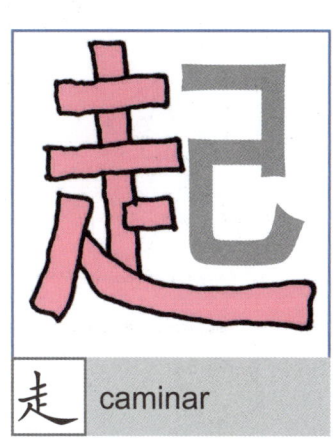 走 caminar

6 Escucha y marca el tono del pinyin.

1. san
2. ren
3. qin
4. sun
5. yun
6. jin
7. chun
8. ban
9. cen
10. han
11. gun
12. dun

Atención a

an en in un ün

Texto 2

1. 我早上六点半起床。
wǒ zǎo shang liù diǎn bàn qǐ chuáng

2. 我六点三刻吃早饭。
wǒ liù diǎn sān kè chī zǎo fàn

3. 我七点一刻去上学。
wǒ qī diǎn yí kè qù shàng xué

4. 我们八点上课。
wǒ men bā diǎn shàng kè

5. 我们下午三点半放学。
wǒ men xià wǔ sān diǎn bàn fàng xué

6. 我晚上九点半睡觉。
wǒ wǎn shang jiǔ diǎn bàn shuì jiào

Vocabulario

1. 起 *qǐ* levantarse
2. 床 *chuáng* cama
   起床 *qǐ chuáng* levantarse (de la cama)
3. 吃 *chī* comer
4. 饭 *fàn* comida

   早饭 *zǎo fàn* desayuno
5. 去 *qù* ir
6. 上学 *shàng xué* ir al colegio
7. 课 *kè* clase; lección
   上课 *shàng kè* ir a clase

8. 放 *fàng* dejar ir; soltar
   放学 *fàng xué* salir del colegio
9. 睡 *shuì* dormir
10. 觉 *jiào* dormir
    睡觉 *shuì jiào* dormir

7 Practica tu expresión oral.

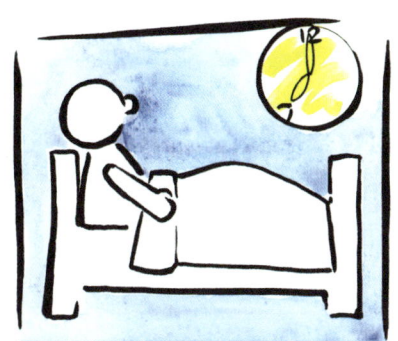

 Ejemplo

tā zǎo shang qī diǎn qǐ chuáng
他早上七点起床。

8 Escucha y marca las respuestas correctas.

1 a) 6:30 p.m.
b) 6:30 a.m.

2 a) 4:40 a.m.
b) 4:40 p.m.

3 a) 12:15 p.m.
b) 2:15 p.m.

4 a) 9:05 a.m.
b) 9:05 p.m.

5 a) 11:10 a.m.
b) 11:01 a.m.

6 a) 10:45 p.m.
b) 10:45 a.m.

9 Haz las siguientes preguntas a tu compañero.

1. nǐ zǎo shang jǐ diǎn qǐ chuáng 你早上几点起床?	七点
2. nǐ jǐ diǎn chī zǎo fàn 你几点吃早饭?	
3. nǐ jǐ diǎn qù shàng xué 你几点去上学?	
4. nǐ men jǐ diǎn shàng kè 你们几点上课?	
5. nǐ zhōng wǔ jǐ diǎn chī wǔ fàn 你中午几点吃午饭?	
6. nǐ men xià wǔ jǐ diǎn fàng xué 你们下午几点放学?	
7. nǐ men jiā jǐ diǎn chī wǎn fàn 你们家几点吃晚饭?	
8. nǐ jǐ diǎn shuì jiào 你几点睡觉?	

Cuéntaselo a la clase: tā zǎo shang liù diǎn bàn
他早上六点半……

10 Escucha y marca las respuestas correctas.

1
a) 早上七点半 ☐
b) 早上七点 ☐

2
a) 8:00 a.m. ☐
b) 8:00 p.m. ☐

3
☐

4
a) 九点三刻 ☐
b) 八点三刻 ☐

5
a) 吃午饭 ☐
b) 吃早饭 ☐

☐

6
a) 上学 ☐
b) 放学 ☐

7
a) 6:00 p.m. ☐
b) 7:00 p.m. ☐

8
a) 晚上十点 ☐
b) 早上十点 ☐

11 Haz un diálogo con tu compañero.

《 *Preguntas modelo:*

1. 你叫什么名字？你上几年级？

2. 你今年多大了？你的生日是几月几号？

3. 你家有几口人？有谁？你住在哪儿？

4. 你爸爸工作吗？你妈妈工作吗？

5. 你们早上几点上课？

6. 你们中午几点吃午饭？

7. 你们下午几点放学？

8. 你家的电话号码是多少？

12 Actividades.

Ejemplo

Profesor: 爸爸
Alumno 1: 妈妈
Alumno 2: 弟弟

INSTRUCCIONES

1. Toda la clase puede participar en esta actividad.

2. El profesor dice una palabra y los alumnos tienen que añadir una o dos palabras del mismo tipo.

Unidad 4

Lección 12 Medios de transporte 交通工具

Texto 1

①
wǒ bà ba kāi chē shàng bān
我爸爸开车上班。

②
wǒ mā ma zǒu lù shàng bān
我妈妈走路上班。

③
wǒ měi tiān zuò xiào chē shàng xué
我每天坐校车上学。

Vocabulario

1. kāi 开 abrir; conducir
   chē 车 vehículo
   kāi chē 开车 conducir
2. bān 班 turno
   shàng bān 上班 ir a trabajar
3.
4. zǒu 走 andar; caminar
   lù 路 camino
5. zǒu lù 走路 andar; caminar
6. měi 每 cada
   měi tiān 每天 todos los días
7. zuò 坐 sentarse; viajar en (autobús, tren, etc.)
8. xiào 校 escuela; colegio
9. xiào chē 校车 bus escolar

1 Di lo siguiente en chino.

Vocabulario adicional

a) 火车 (huǒ chē) tren

b) 电车 (diàn chē) tranvía

c) 飞机 (fēi jī) avión

d) 渡船 (dù chuán) barco

e) 出租车 (chū zū chē) taxi

f) 公共汽车 (gōng gòng qì chē) autobús

《 Contesta las siguientes preguntas:

1. 你每天坐校车上学吗？
   (nǐ měi tiān zuò xiào chē shàng xué ma)
2. 你爸爸每天开车上班吗？
   (nǐ bà ba měi tiān kāi chē shàng bān ma)
3. 你妈妈每天走路上班吗？
   (nǐ mā ma měi tiān zǒu lù shàng bān ma)

2. Une las imágenes con las expresiones en chino.

1... ☐

2... ☐

3... ☐

4... ☐

5... ☐

6... ☐

7... ☐

8... ☐

Expresiones

a) shàng kè 上课 — ir a clase

b) xià kè 下课 — salir de clase

c) shàng xué 上学 — ir al colegio

d) fàng xué 放学 — salir del colegio

e) shàng bān 上班 — ir a trabajar

f) xià bān 下班 — salir del trabajo

g) shàng chē 上车 — subir al vehículo

h) xià chē 下车 — bajar del vehículo

3. Rodea el pinyin correcto.

1. 作 zuò zòu
2. 分 fēn fān
3. 谁 suí shuí
4. 点 dǎn diǎn
5. 住 zhù jù
6. 年 nián nán

4 Aprende los radicales.

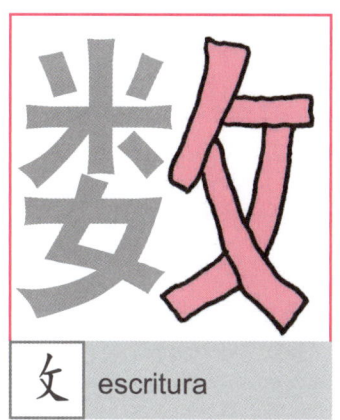 攵 escritura

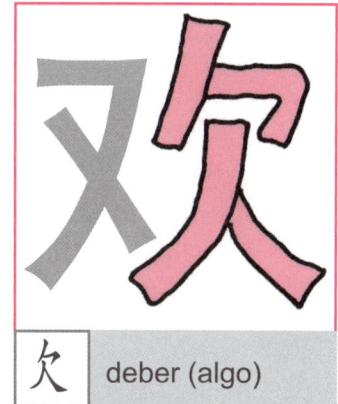 欠 deber (algo)

 士 erudito

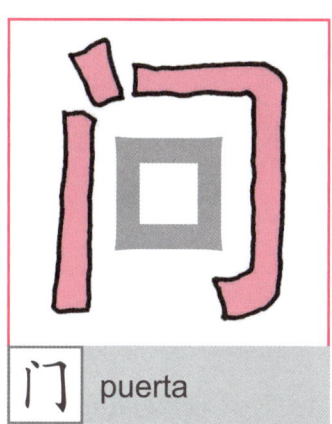 门 puerta

 竹 bambú

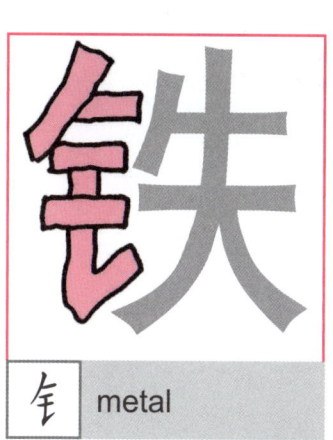 钅 metal

5 Escucha y escribe el pinyin con su tono.

Atención a

ang eng ing ong

Texto 2

nǐ bà ba zěn me shàng bān
你爸爸怎么上班？

zuò huǒ chē
坐火车。

nǐ mā ma ne
你妈妈呢？

zuò chū zū chē
坐出租车。

nǐ gē ge zěn me shàng xué
你哥哥怎么上学？

zuò gōng gòng qì chē
坐公共汽车。

nǐ zěn me shàng xué
你怎么上学？

zuò dì tiě
坐地铁。

Vocabulario

1. zěn 怎 cómo
   zěn me 怎么 cómo
2. huǒ 火 fuego
   huǒ chē 火车 tren
3. zū 租 alquilar
   chū zū 出租 alquilar

   chū zū chē 出租车 taxi
4. gōng 公 público
5. gòng 共 público; común
   gōng gòng 公共 público
6. qì 汽 gas; vapor
   qì chē 汽车 coche

   gōng gòng qì chē 公共汽车 autobús
7. dì 地 suelo
8. tiě 铁 hierro
   dì tiě 地铁 metro; subterráneo

6 Practica tu expresión oral.

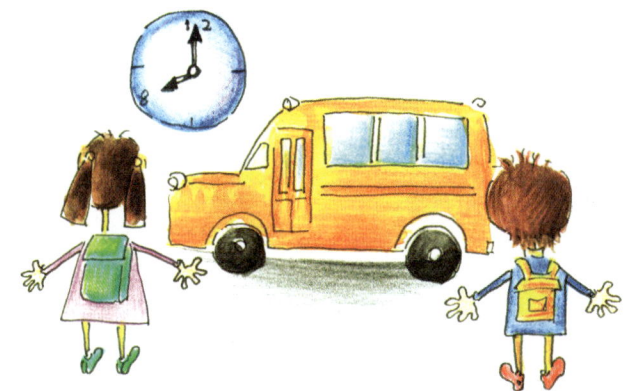

Ejemplo

tā men měi tiān zǎo shang bā diǎn shàng xué
他们每天早上八点上学。
tā men zuò xiào chē shàng xué
他们坐校车上学。

1

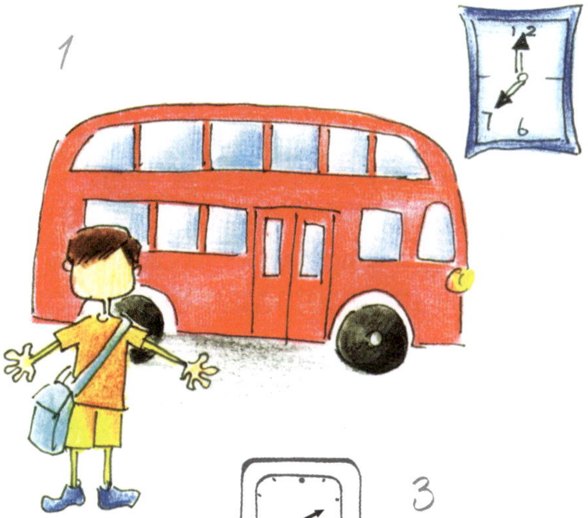

2

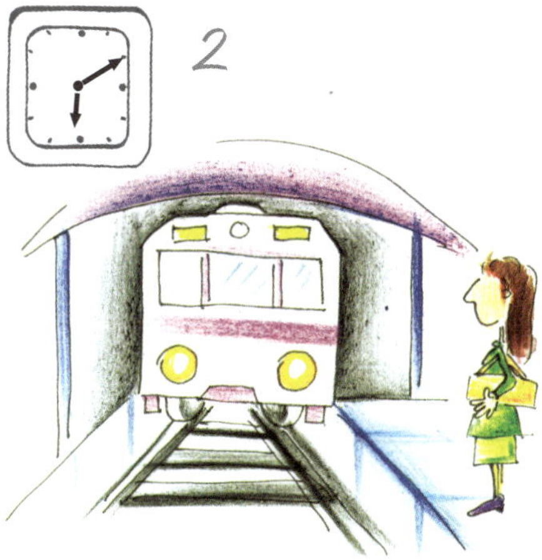

3

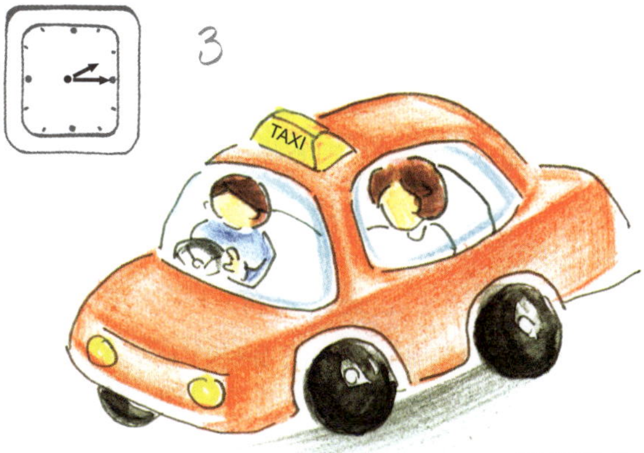

4

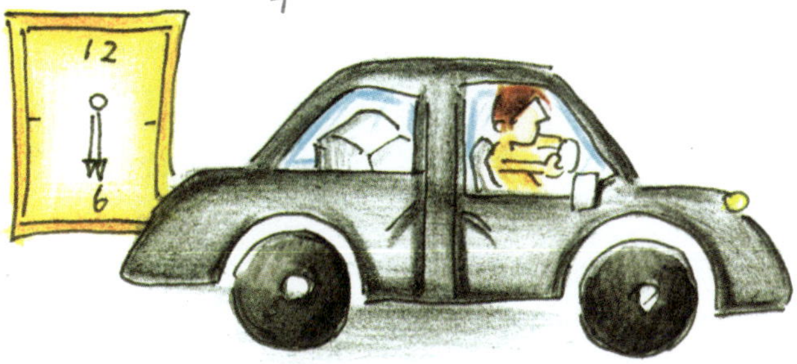

5

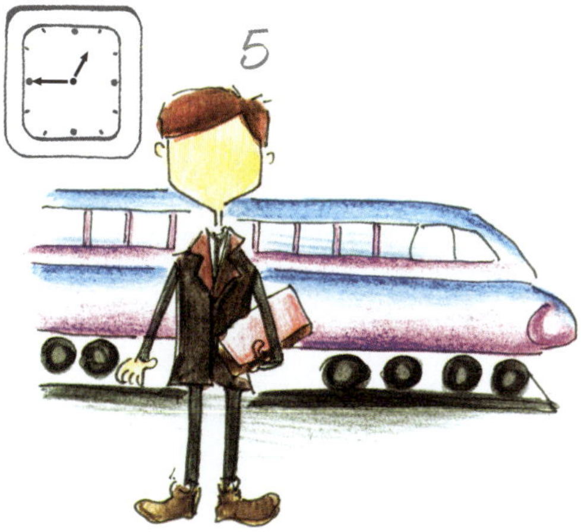

7. Escucha y marca las respuestas correctas.

8. Presenta a uno de tus amigos.

《 Preguntas modelo:

1. tā jiào shén me míng zi
   他叫什么名字？
2. tā nǎ nián chū shēng
   他哪年出生？
3. tā de shēng rì shì jǐ yuè jǐ hào
   他的生日是几月几号？
4. tā duō dà le
   他多大了？
5. tā shàng jǐ nián jí
   他上几年级？
6. tā shì nǎ guó rén
   他是哪国人？
7. tā měi tiān jǐ diǎn qǐ chuáng
   他每天几点起床？
8. tā jǐ diǎn shàng xué
   他几点上学？
9. tā zěn me shàng xué
   他怎么上学？
10. tā jǐ diǎn fàng xué
    他几点放学？
11. tā jǐ diǎn chī wǎn fàn
    他几点吃晚饭？
12. tā jǐ diǎn shuì jiào
    他几点睡觉？

9 Presenta al padre de uno de tus compañeros.

《 *Preguntas modelo:*

1. nǐ bà ba jiào shén me míng zi
   你爸爸叫什么名字？

2. tā de shēng rì shì jǐ yuè jǐ hào
   他的生日是几月几号？

3. tā shì nǎ guó rén
   他是哪国人？

4. tā gōng zuò ma   zuò shén me gōng zuò
   他工作吗？做什么工作？

5. tā zǎo shang jǐ diǎn qǐ chuáng
   他早上几点起床？

6. tā měi tiān jǐ diǎn shàng bān
   他每天几点上班？

7. tā zěn me shàng bān
   他怎么上班？

8. tā měi tiān jǐ diǎn xià bān
   他每天几点下班？

9. tā zěn me xià bān
   他怎么下班？

10. tā wǎn shang jǐ diǎn shuì jiào
    他晚上几点睡觉？

10 Escucha y marca las respuestas correctas.

1
a) 7 : 20
b) 7 : 12

2
a) 走路
b) 坐火车

3
a) 老师
b) 律师

4
a) 开车
b) 坐地铁

5
a) 工作
b) 不工作

6
a) 坐电车
b) 坐公共汽车

11 Une las frases.

1 我的生日是 (wǒ de shēng rì shì)
2 我早上七点 (wǒ zǎo shang qī diǎn)
3 我爸爸 (wǒ bà ba)
4 你的表 (nǐ de biǎo)
5 妈妈开车 (mā ma kāi chē)
6 你晚上几点 (nǐ wǎn shang jǐ diǎn)

a) 上学。 (shàng xué)
b) 几点了? (jǐ diǎn le)
c) 睡觉? (shuì jiào)
d) 十月二十九日。 (shí yuè èr shí jiǔ rì)
e) 是商人。 (shì shāng rén)
f) 上班。 (shàng bān)

12 Actividades.

Ejemplo

INSTRUCCIONES

1 Se divide la clase en grupos de 3 o 4.

2 El profesor reparte dos tipos de tarjetas, unas con radicales y otras con caracteres incompletos. Los alumnos tienen que combinar los dos tipos de tarjetas para formar caracteres completos y correctos. El primer grupo que acaba la tarea es el ganador.

13 Haz preguntas.

1. wǒ shì zhōng guó rén
   我是中国人。   nǐ shì nǎ guó rén
   你是哪国人？

2. xiàn zài shí èr diǎn bàn
   现在十二点半。 _____

3. wǒ men zǒu lù shàng xué
   我们走路上学。 _____

4. wǒ mā ma bù gōng zuò
   我妈妈不工作。 _____

5. wǒ bà ba kāi chē shàng bān
   我爸爸开车上班。 _____

6. wǒ měi tiān zǎo shang liù diǎn qǐ chuáng
   我每天早上六点起床。 _____

14 Practica tu expresión oral.

1. tā bà ba
   他爸爸　7:30　　shàng bān
   上班。

2. gē ge
   哥哥　7:00　　qǐ chuáng
   起床。

3. mā ma
   妈妈　domingo　　qù shàng hǎi
   去上海。

4. wǒ
   我　13:00　　chī wǔ fàn
   吃午饭。

5. wǒ hé dì di
   我和弟弟　7:40　　shàng xué
   上学。

Unidad 5

Lección 13   Colores   颜色

Texto 1

① wǒ bà ba xǐ huan
我爸爸喜欢
hēi sè hé bái sè
黑色和白色。

② wǒ mā ma
我妈妈
xǐ huan huáng sè
喜欢黄色。

③ wǒ gē ge
我哥哥
xǐ huan lán sè
喜欢蓝色。

④ wǒ jiě jie
我姐姐
xǐ huan hóng sè
喜欢红色。

⑤ wǒ xǐ huan
我喜欢
fěn hóng sè
粉红色。

Vocabulario

1. xǐ 喜   contento; gustar
   huān 欢   contento
   xǐ huan 喜欢   gustar
2.
3. hēi 黑   negro
4. sè 色   color
   hēi sè 黑色   negro

5. bái 白   blanco
   bái sè 白色   blanco
6. huáng 黄   amarillo
   huáng sè 黄色   amarillo
7. lán 蓝   azul
   lán sè 蓝色   azul

8. hóng 红   rojo
   hóng sè 红色   rojo
9. fěn 粉   polvo; (color) rosa
   fěn hóng sè 粉红色   (color) rosa

1 Di lo siguiente en chino.

Ejemplo

hēi sè de huǒ chē
黑色的火车

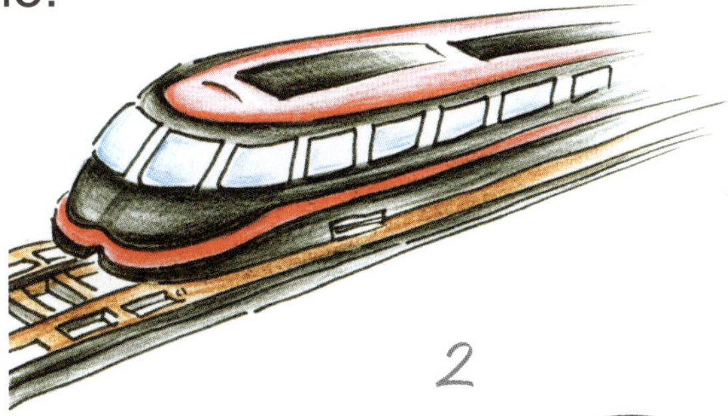

1 
2 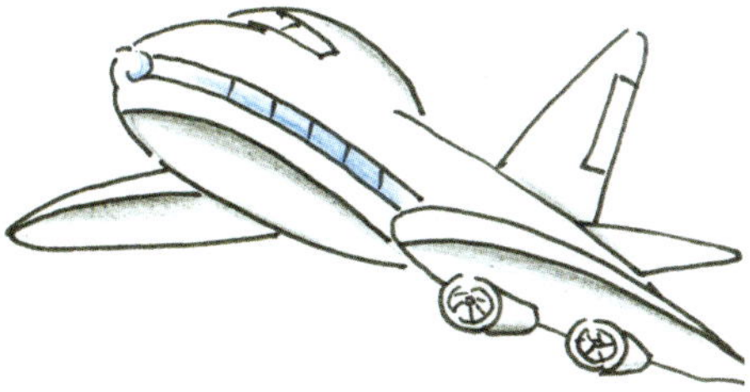
3 
4 
5 
6 
7

2 Escucha y marca los tonos del pinyin.

1. fandian
2. jingchang
3. shoushang
4. xuesheng
5. shitou
6. jiangbei
7. jinyu
8. yuncai
9. piaoliang

3 Di lo siguiente en chino.

Vocabulario adicional

a) chéng sè 橙色 (color) naranja

b) zōng sè 棕色 marrón

c) zǐ sè 紫色 violeta

d) lǜ sè 绿色 verde

e) huī sè 灰色 gris

4 Escucha y elige los colores correctos.

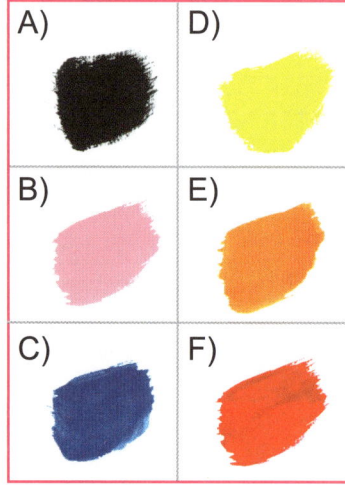

1. bà ba 爸爸
2. mā ma 妈妈
3. gē ge 哥哥
4. jiě jie 姐姐
5. mèi mei 妹妹
6. wǒ 我

5 Aprende los radicales.

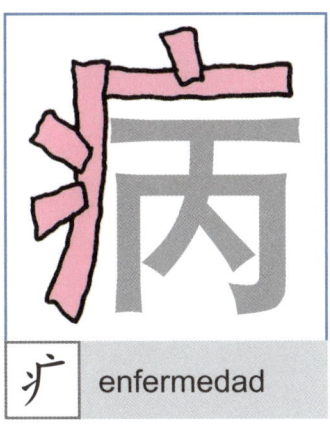 疒 enfermedad

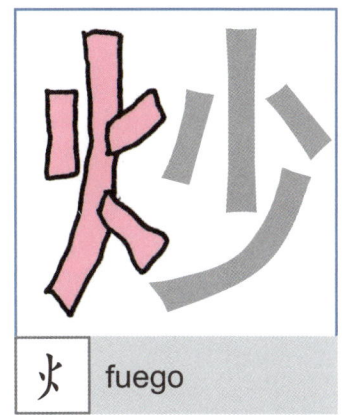 火 fuego

 爫 garra

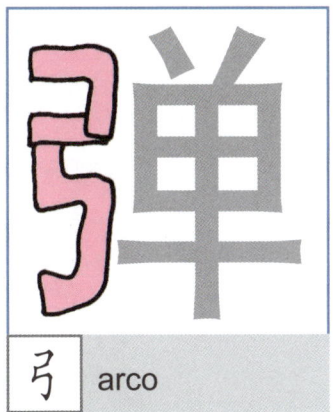 弓 arco

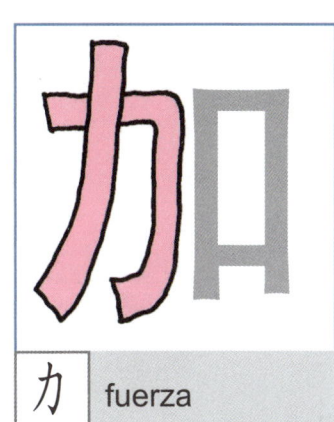 力 fuerza

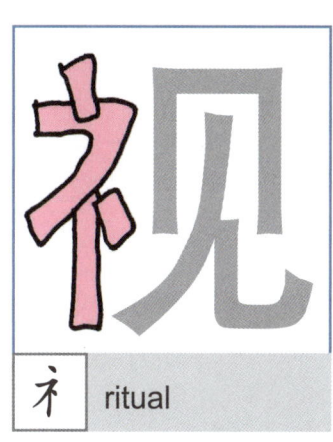 礻 ritual

6 Actividades.

Ejemplo

火车	汽车	上学	现在
中午	商人	学生	放学
秘书	地铁	晚上	早饭
起床	睡觉	下班	每天

INSTRUCCIONES

1. Toda la clase puede participar en esta actividad.

2. Cada alumno recibe una ficha con 16 casillas. El profesor escribe 16 palabras en la pizarra y los alumnos tienen que copiarlas en la ficha según el orden que quieran.

3. Los alumnos tienen que tachar la palabra que dice el profesor. Quien tache cuatro palabras en una línea en la dirección que sea dice Bingo.

Texto 2

nǐ xǐ huan shén me yán sè
你喜欢什么颜色？

wǒ xǐ huan chéng sè zǐ sè
我喜欢橙色、紫色、
zōng sè hé lǜ sè
棕色和绿色。

nǐ xǐ huan huī sè ma
你喜欢灰色吗？

bù xǐ huan
不喜欢。

wǒ yě bù xǐ huan
我也不喜欢。

Vocabulario

1. 颜 yán color
   颜色 yán sè color

2. 橙 chéng naranja
   橙色 chéng sè (color) naranja

3. 紫 zǐ violeta
   紫色 zǐ sè violeta

4. 棕 zōng marrón
   棕色 zōng sè marrón

5. 绿 lǜ verde
   绿色 lǜ sè verde

6. 灰 huī gris
   灰色 huī sè gris

7. Haz las siguientes preguntas a tus compañeros.

Preguntas	Resultados
1. nǐ xǐ huan hēi sè ma 你喜欢黑色吗？	正
2. nǐ xǐ huan bái sè ma 你喜欢白色吗？	
3. nǐ xǐ huan huáng sè ma 你喜欢黄色吗？	
4. nǐ xǐ huan lán sè ma 你喜欢蓝色吗？	
5. nǐ xǐ huan hóng sè ma 你喜欢红色吗？	
6. nǐ xǐ huan fěn hóng sè ma 你喜欢粉红色吗？	
7. nǐ xǐ huan chéng sè ma 你喜欢橙色吗？	
8. nǐ xǐ huan zǐ sè ma 你喜欢紫色吗？	
9. nǐ xǐ huan zōng sè ma 你喜欢棕色吗？	
10. nǐ xǐ huan lǜ sè ma 你喜欢绿色吗？	
11. nǐ xǐ huan huī sè ma 你喜欢灰色吗？	

Cuéntaselo a la clase:

wǔ ge rén xǐ huan hēi sè
五个人喜欢黑色。

8 Di los colores nuevos en chino.

1. 红色 + 黄色 = 橙色
2. 白色 + 黑色 =
3. 蓝色 + 黄色 =
4. 白色 + 蓝色 =
5. 紫色 + 黄色 =
6. 红色 + 蓝色 =
7. 白色 + 红色 =
8. 红 + 黄 + 蓝 =

Respuestas

a) fěn hóng sè 粉红色

b) lǜ sè 绿色

c) huī sè 灰色

d) chéng sè 橙色

e) zǐ sè 紫色

f) tiān lán sè 天蓝色

g) hēi sè 黑色

h) zōng sè 棕色

9 Actividades.

Ejemplo

Profesor: Oso panda

Alumno 1: hēi sè 黑色

Alumno 2: bái sè 白色

Alumno 3: hēi sè hé bái sè 黑色和白色

INSTRUCCIONES

1. Toda la clase puede participar en esta actividad.

2. Cada vez que el profesor dice un objeto en español, el alumno elegido tiene que decir su(s) color(es) en chino.

10 Escucha y marca los colores correctos.

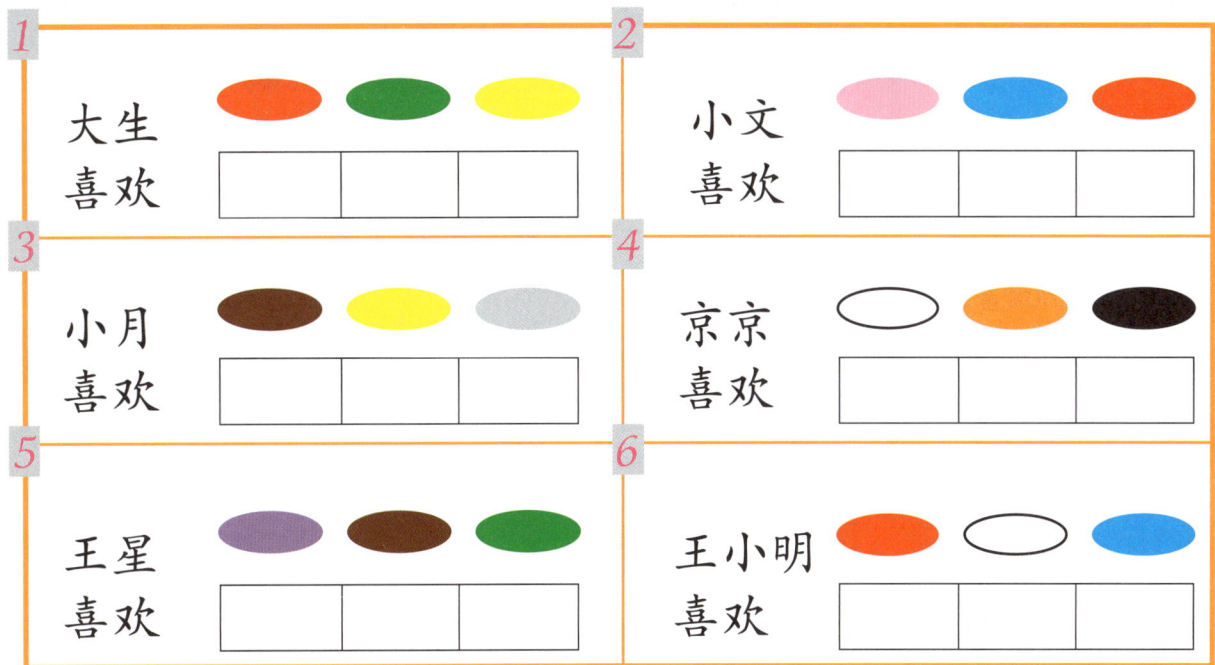

11 Actividades.

Ejemplo

h o n g / s e
x i / h u a n
f a n g / x u e

INSTRUCCIONES

1. Toda la clase puede participar en esta actividad.

2. Un alumno va a la pizarra y piensa una palabra.

3. El alumno dibuja rayas cortas en la pizarra y el resto de la clase tiene que decir una letra por cada raya.

4. Si la letra es correcta, se escribe sobre la raya correspondiente. Si la letra no pertenece a la palabra, se dibuja la primera línea del ahorcado en la pizarra. Se continúa así hasta que la palabra o el dibujo se completen.

Unidad 5

Lección 14　Ropa　穿着

Texto 1

① 这是我爸爸。他喜欢穿衬衫和牛仔裤。

② 这是我妈妈。她喜欢穿裙子。

Vocabulario

1. 穿 chuān　vestir; llevar puesto
2. 衬 chèn　forro
3. 衫 shān　prenda de arriba
   衬衫 chèn shān　camisa
4. 牛 niú　buey; vaca
5. 仔 zǎi　hijo
6. 裤 kù　pantalón
   牛仔裤 niú zǎi kù　vaquero; jeans
7. 裙 qún　falda; pollera
   裙子 qún zi　falda; pollera

1 Di lo siguiente en chino.

Ejemplo

tiān lán sè de chèn shān
天蓝色的衬衫

1

2

3

4

2 Escucha y marca los tonos del pinyin.

1	gongniu	2	kunnan	3	duanku
4	chuantong	5	tiaozi	6	taozhuang
7	duanlian	8	youqing	9	lüse

3 Di lo siguiente en chino.

Ejemplo

fěn hóng sè de qún zi
粉红色的裙子

Vocabulario adicional

a) xiào fú
校服
uniforme escolar

b) hàn shān
汗衫
camiseta

c) cháng kù
长裤
pantalones largos

d) duǎn kù
短裤
pantalones cortos

e) máo yī
毛衣
jersey; suéter

f) wài tào
外套
abrigo; sobretodo

1

2

3

4

5

6

7

8

4 Aprende los radicales.

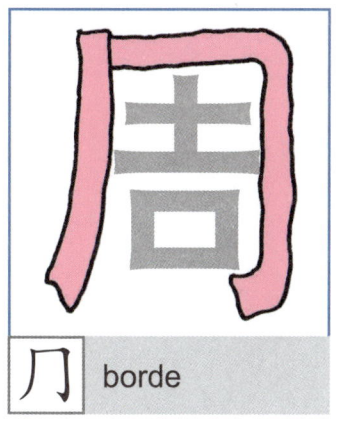
刂 borde

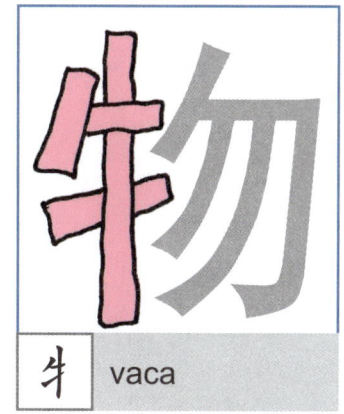
牛 vaca

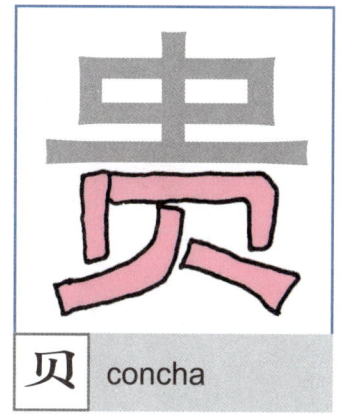
贝 concha

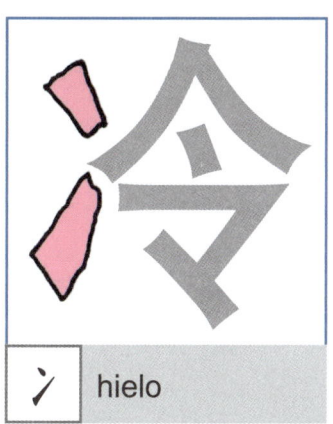
冫 hielo

户 hogar

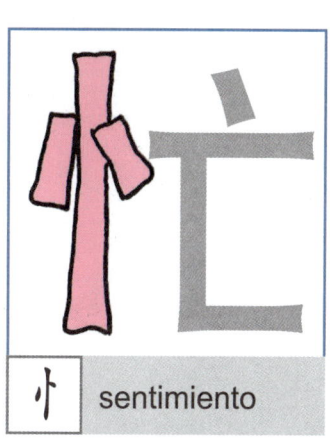
忄 sentimiento

5 Actividades.

Ejemplo

INSTRUCCIONES

1 Se divide la clase en grupos pequeños.

2 El profesor prepara 10-15 tarjetas con palabras escritas en cada una de ellas. Un miembro del grupo tiene que sacar la tarjeta con la palabra que dice el profesor. El grupo gana un punto cada vez que elige la tarjeta correcta.

Texto 2

nǐ xǐ huan chuān shén me yī fu
你喜欢穿什么衣服？

wǒ xǐ huan chuān hàn shān hé duǎn kù
我喜欢穿汗衫和短裤。

nǐ shàng xué chuān xiào fú ma
你上学穿校服吗？

chuān wǒ chuān chèn shān máo yī wài tào hé cháng kù
穿。我穿衬衫、毛衣、外套和长裤。

Vocabulario

1. 衣 yī ropa
2. 服 fú ropa
   衣服 yī fu ropa
   校服 xiào fú uniforme escolar
3. 汗 hàn sudor

   汗衫 hàn shān camiseta
4. 短 duǎn corto
   短裤 duǎn kù pantalones cortos
5. 毛 máo lana
   毛衣 máo yī jersey; suéter

6. 外 wài fuera
7. 套 tào cubrir
   外套 wài tào abrigo; sobretodo
8. 长 cháng largo
   长裤 cháng kù pantalones largos

108

6 Practica tu expresión oral.

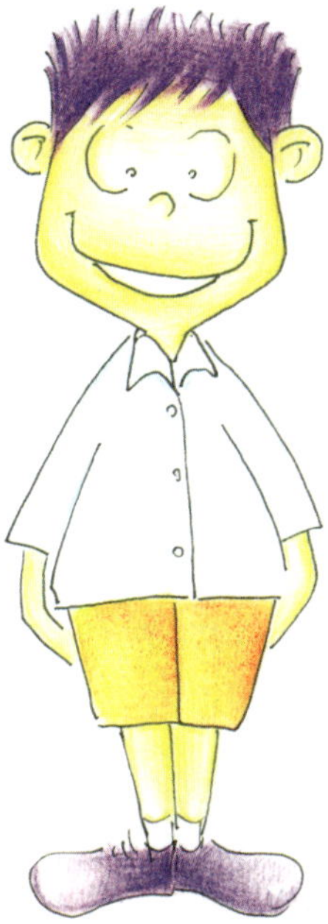

Ejemplo

tā chuān bái sè de hàn shān
他穿白色的汗衫
hé chéng sè de duǎn kù
和橙色的短裤。

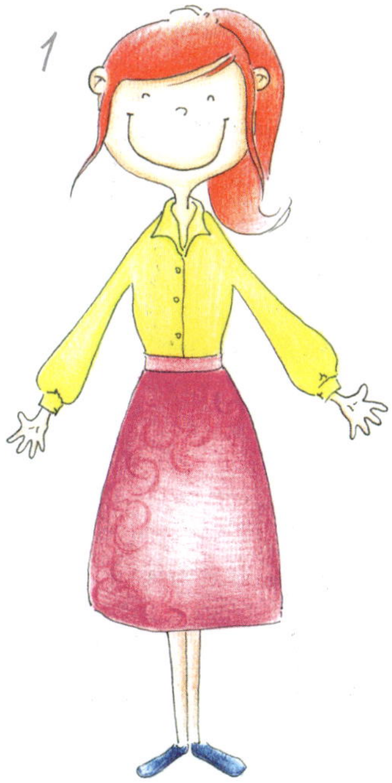

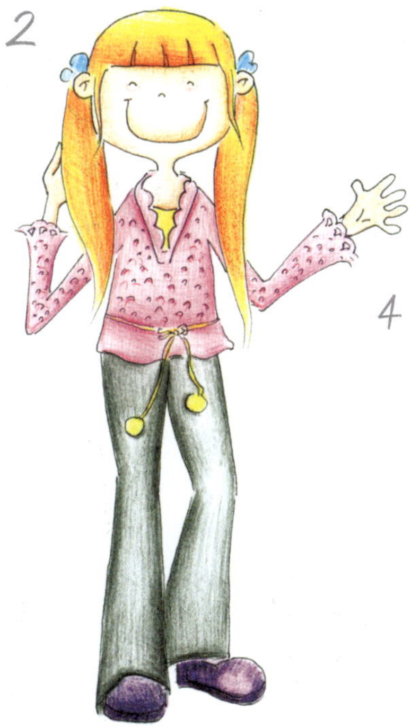

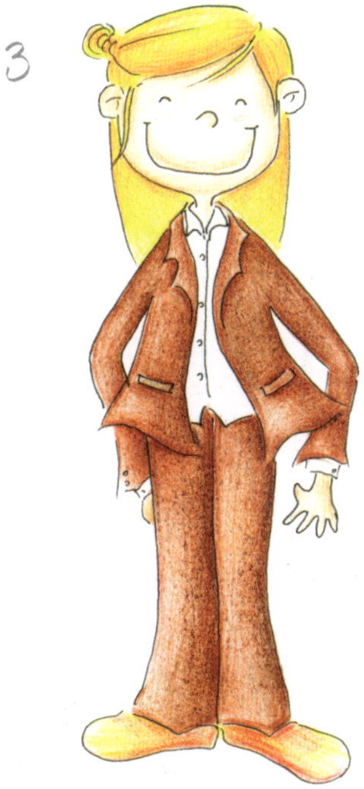

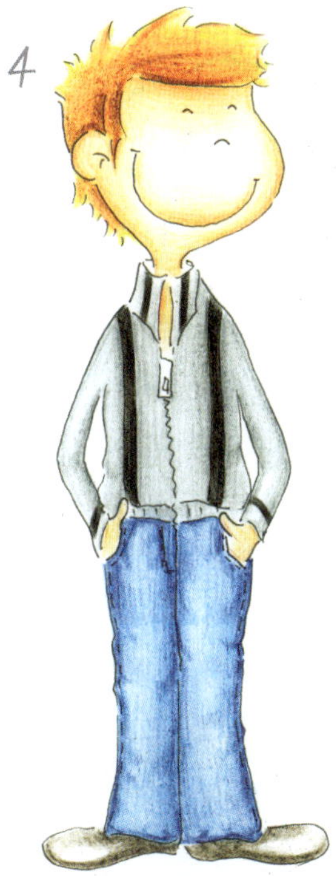

7 Escucha y elige los colores correctos.

1. ☐ 衬衫
2. ☐ 牛仔裤
3. ☐ 裙子
4. ☐ 出租车
5. ☐ 校车
6. ☐ 电车

8 Di lo siguiente en chino.

Ejemplo

hóng sè de chèn shān
红色的衬衫

1

2

3

4

5

6

7

8

9 10 11

12 13 14 15

Vocabulario adicional

a) mào zi
   帽子
   gorro; sombrero

b) shǒu tào
   手套
   guantes

c) wéi jīn
   围巾
   bufanda

d) pí xié
   皮鞋
   zapatos de cuero

e) yùn dòng xié
   运动鞋
   calzado deportivo

f) wà zi
   袜子
   calcetines; medias

g) xī zhuāng
   西装
   traje

h) lǐng dài
   领带
   corbata

9 Escucha y pon √ (verdadero) o × (falso).

1 ☐   2 ☐   3 ☐

4 ☐   5 ☐   6 ☐

10 Actividades.

tā chuān huáng sè de
她穿黄色的
chèn shān hé zǐ sè
衬衫和紫色
de cháng qún
的长裙。

INSTRUCCIONES

1. Toda la clase puede participar en esta actividad.

2. El profesor prepara fotos de gente vestida con ropa distinta y sus descripciones en chino. Los alumnos tienen que relacionar cada foto con su descripción.

11 Haz las siguientes preguntas a tus compañeros.

Preguntas	Notas
1. 你叫什么名字？ nǐ jiào shén me míng zi	
2. 你哪年出生？ nǐ nǎ nián chū shēng	
3. 你的生日是几月几号？ nǐ de shēng rì shì jǐ yuè jǐ hào	
4. 你今年多大了？ nǐ jīn nián duō dà le	
5. 你上几年级？ nǐ shàng jǐ nián jí	
6. 你是哪国人？ nǐ shì nǎ guó rén	
7. 你家有几口人？有谁？ nǐ jiā yǒu jǐ kǒu rén yǒu shuí	
8. 你爸爸工作吗？你妈妈呢？ nǐ bà ba gōng zuò ma nǐ mā ma ne	
9. 你们几点上课？ nǐ men jǐ diǎn shàng kè	
10. 你们几点放学？ nǐ men jǐ diǎn fàng xué	
11. 你每天怎么上学？ nǐ měi tiān zěn me shàng xué	
12. 你喜欢什么颜色？ nǐ xǐ huan shén me yán sè	
13. 你喜欢穿什么衣服？ nǐ xǐ huan chuān shén me yī fu	
14. 你今天穿什么衣服？ nǐ jīn tiān chuān shén me yī fu	

Cuéntaselo a la clase: 他叫……
tā jiào

12 Describe a cada personaje.

Unidad 5

Lección 15 Partes del cuerpo 人体部位

Texto 1

1. yǎn jīng 眼睛
2. ěr duo 耳朵
3. bí zi 鼻子
4. zuǐ ba 嘴巴
5. shǒu 手
6. jiǎo 脚
7. tuǐ 腿

Vocabulario

1. yǎn 眼 ojo
2. jīng 睛 pupila
   yǎn jīng 眼睛 ojo
3. ěr 耳 oreja
4. duǒ 朵 clasificador
5. bí 鼻 nariz
   bí zi 鼻子 nariz
6. zuǐ 嘴 boca
7. bā 巴 mejilla

- ěr duo 耳朵 oreja
- zuǐ ba 嘴巴 boca
8. shǒu 手 mano
9. jiǎo 脚 pie
10. tuǐ 腿 pierna

1 Di lo siguiente en chino.

Ejemplo

dà yǎn jing
大眼睛

2 Actividades.

Ejemplo

chèn shān
Profesor: 衬衫

Alumno 1: chènshān

Alumno 2: cènshān

INSTRUCCIONES

1. Se divide la clase en parejas.

2. El profesor dice una palabra y cada pareja escribe su pinyin con la marca tonal correspondiente.

3. La pareja que más respuestas correctas escriba gana la actividad.

3 Di lo siguiente en chino.

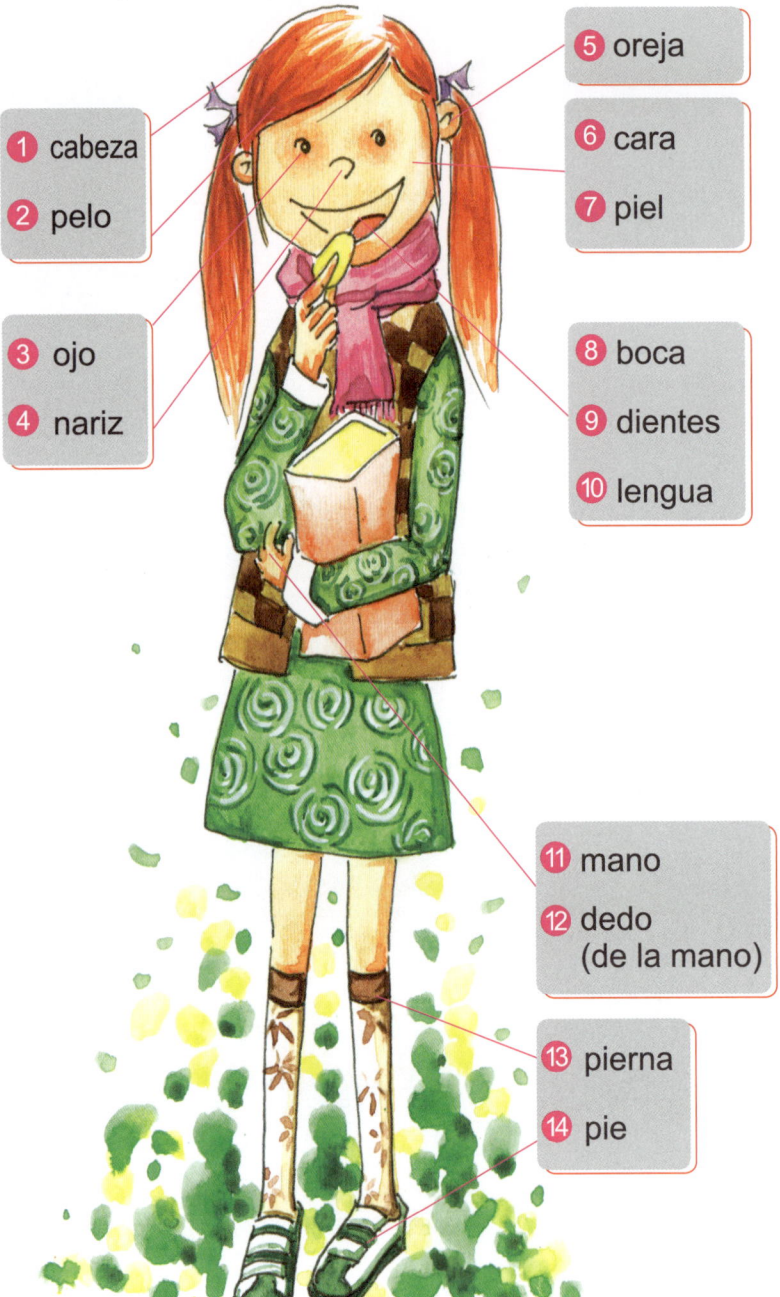

1. cabeza
2. pelo
3. ojo
4. nariz
5. oreja
6. cara
7. piel
8. boca
9. dientes
10. lengua
11. mano
12. dedo (de la mano)
13. pierna
14. pie

Vocabulario adicional

a) 脸 (liǎn) cara
b) 牙齿 (yá chǐ) dientes
c) 舌头 (shé tou) lengua
d) 皮肤 (pí fū) piel
e) 手指头 (shǒu zhǐ tou) dedo (de la mano)
f) 头 (tóu) cabeza
g) 头发 (tóu fa) pelo

4 Escucha y escribe el pinyin con su tono.

1 _____   2 _____   3 _____

4 _____   5 _____   6 _____

7 _____   8 _____   9 _____

5 Aprende los radicales.

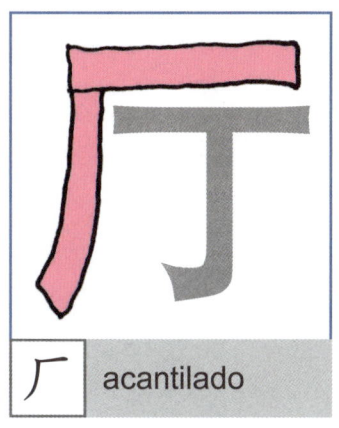
厂 acantilado

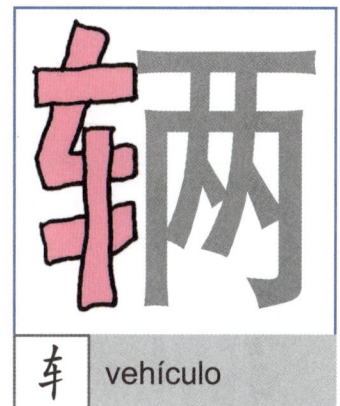
车 vehículo

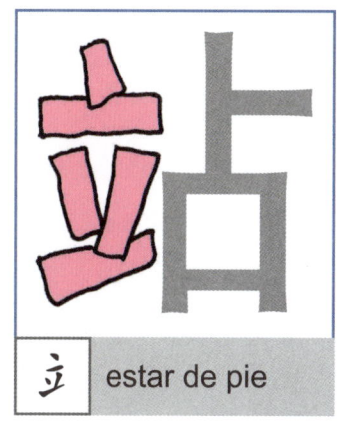
立 estar de pie

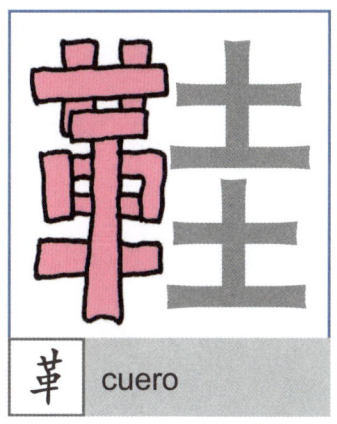
革 cuero

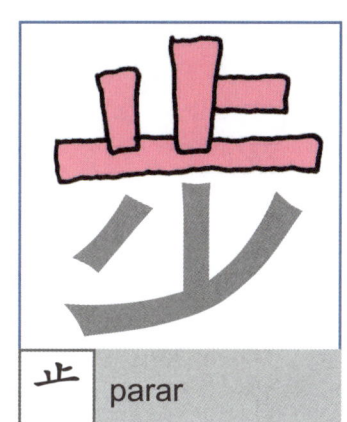
止 parar

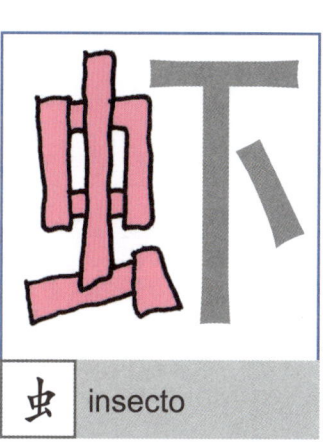
虫 insecto

6 Dibuja la estructura de cada carácter.

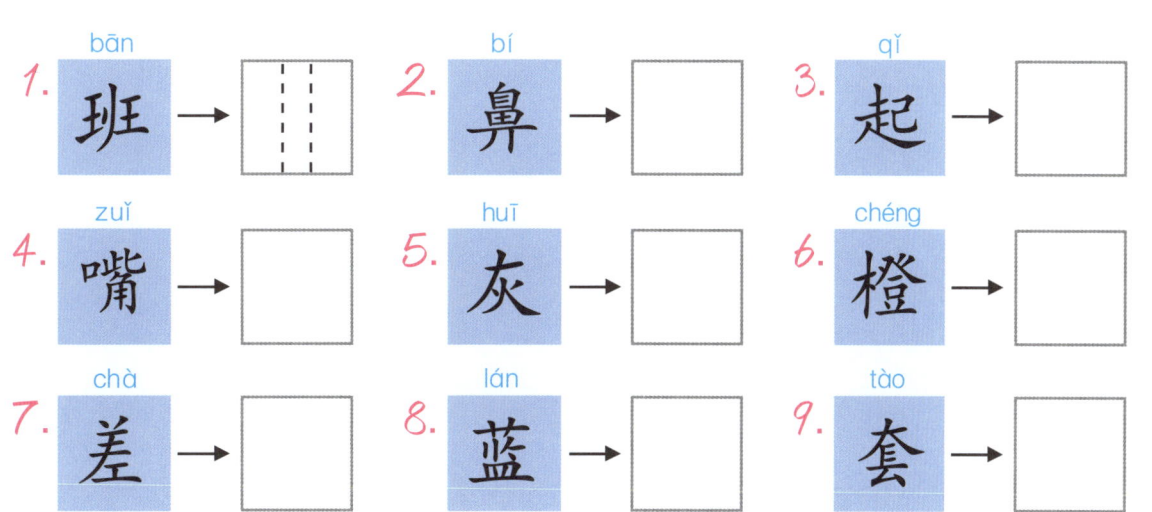

Texto 2

她长得矮矮的。她有大大的眼睛、高高的鼻子和小小的嘴巴。她的头发不长也不短。你长什么样？

¡Ahora te toca a ti!

Describe tu aspecto.

Vocabulario

* 1. 长 crecer
2. 得 partícula
3. 矮 bajo
4. 高 alto
5. 头 cabeza
6. 发 pelo
   头发 pelo
7. 样 aspecto

7 Practica tu expresión oral.

Ejemplo

tā yǒu dà dà de yǎn jing
他有大大的眼睛。

tā de yǎn jing dà dà de
o: 他的眼睛大大的。

NOTA

Algunos adjetivos se pueden repetir para dar énfasis, por ejemplo:
黑黑的头发

1 2 3 4
5 6 7 8

8 Actividades.

Ejemplo

眼睛	鼻子
脚	头发
耳朵	手

INSTRUCCIONES

1. Se divide la clase en dos grupos.

2. Cada grupo se coloca en fila a un lado del aula. Un miembro de cada grupo se sitúa cerca de la pizarra.

3. El profesor cuelga en la pizarra 10-15 tarjetas con palabras. El profesor dice una de las palabras y el primero que toca la tarjeta correcta gana un punto.

119

9 Haz un diálogo para cada imagen.

Ejemplo

A: 她 _{tā} 长 _{zhǎng} 什 _{shén} 么 _{me} 样 _{yàng}？

B: 她 _{tā} 长 _{zhǎng} 得 _{de} 不 _{bù} 高 _{gāo}。她 _{tā} 有 _{yǒu} 大 _{dà} 大 _{dà} 的 _{de} 眼 _{yǎn} 睛 _{jing}、高 _{gāo} 高 _{gāo} 的 _{de} 鼻 _{bí} 子 _{zi} 和 _{hé} 小 _{xiǎo} 小 _{xiǎo} 的 _{de} 嘴 _{zuǐ} 巴 _{ba}。

¡Ahora te toca a ti!

Describe a tu personaje favorito (actor, actriz, cantante, deportista, etc.) y deja que tus compañeros adivinen quién es. Dales alguna pista.

1

2

3

10 Actividades.

Profesor: yǎn jing 眼睛

Alumno:

INSTRUCCIONES

1. Toda la clase puede participar en esta actividad.
2. El profesor dice una parte del cuerpo y los alumnos tienen que señalarla.
3. Los que señalan mal quedan fuera del juego.

11 Escucha y pon √ (verdadero) o × (falso).

1 · · · ☐

2 · · · ☐

3 · · · ☐

4 · · · ☐   5 · · · ☐   6 · · · ☐

12 Presenta a la madre de uno de tus compañeros.

Preguntas	Notas
_{nǐ mā ma jiào shén me míng zi} 1. 你妈妈叫什么名字?	
_{nǐ mā ma zài nǎr chū shēng} 2. 你妈妈在哪儿出生?	
_{tā shì nǎ guó rén} 3. 她是哪国人?	
_{tā yǒu xiōng dì jiě mèi ma yǒu jǐ ge} 4. 她有兄弟姐妹吗? 有几个?	
_{tā gōng zuò ma tā zuò shén me gōng zuò} 5. 她工作吗? 她做什么工作?	
_{tā měi tiān jǐ diǎn shàng bān} 6. 她每天几点上班?	
_{tā měi tiān jǐ diǎn xià bān} 7. 她每天几点下班?	
_{tā xīng qī liù xīng qī tiān yě qù shàng bān ma} 8. 她星期六、星期天也去上班吗?	
_{tā měi tiān zěn me shàng bān} 9. 她每天怎么上班?	
_{tā xǐ huan shén me yán sè} 10. 她喜欢什么颜色?	
_{tā xǐ huan chuān shén me yī fu} 11. 她喜欢穿什么衣服?	
_{tā zhǎng shén me yàng} 12. 她长什么样?	

Cuéntaselo a la clase:

_{tā mā ma}
他妈妈 ......

13 Actividades.

Ejemplo

Profesor: tā zhǎng de gāo gāo de
他长得高高的。

tā yǒu hēi sè de duǎn fà
他有黑色的短发。

tā shì zhōng guó rén
他是中国人。

Alumnos: wáng lǎo shī
王老师。

INSTRUCCIONES

1 Toda la clase puede participar en esta actividad.

2 El profesor o un alumno describe a un miembro de la clase o al profesor. El resto de la clase adivina quién es.

14 Escucha y pon √ (verdadero) o × (falso).

101

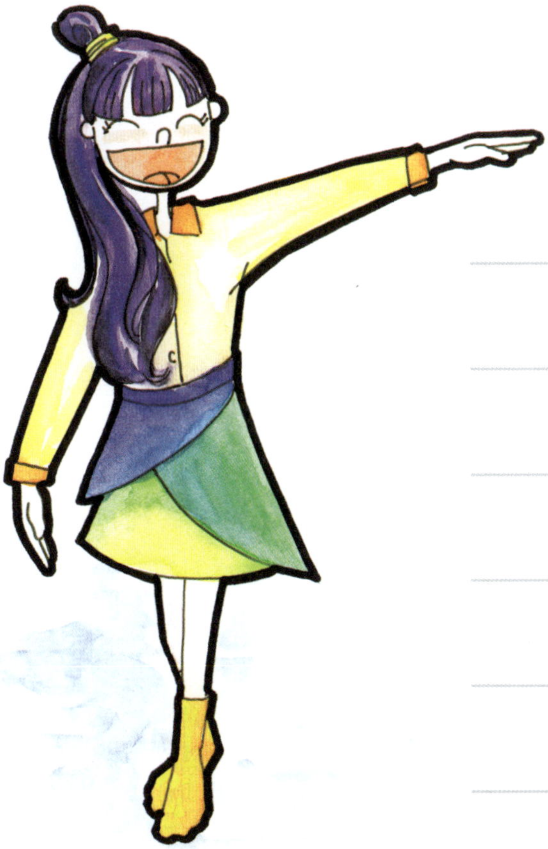

1 小英今年七岁。

2 她上小学六年级。

3 她长得矮矮的。

4 她有大眼睛。

5 她的嘴巴小小的。

6 她的头发是黑色的。

7 她的头发短短的。

8 她穿衬衫和牛仔裤。

Textos de las audiciones 听力录音稿

Unidad 1 Lección 1

Pág. 2

1) ā   2) ǒ   3) í   4) ù
5) è   6) ǚ   7) ī   8) ó

Pág. 4

1) pí   2) mǔ   3) fà   4) bǐ   5) pó
6) bù   7) mí   8) bǎ   9) mà   10) fú

Pág. 5

1) bà   2) bǔ   3) bí   4) pǐ   5) pà   6) mú
7) mō   8) mǐ   9) pǔ   10) fà   11) fú   12) bō

Pág. 5

1) pī   2) mà   3) dǎ   4) bí   5) bǔ
6) mǔ   7) pó   8) bàba   9) dìdi

Unidad 1 Lección 2

Pág. 6

1) tì   2) mù   3) nǔ   4) ní
5) bū   6) bù   7) mó   8) fó

Pág. 7

1) dà   2) là   3) tǐ   4) nù   5) nǐ
6) lǚ   7) nǚ   8) tā   9) dé

Pág. 12

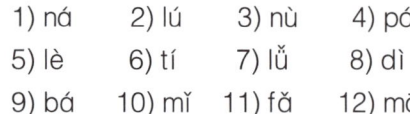

1) ná   2) lú   3) nù   4) pó
5) lè   6) tí   7) lǚ   8) dì
9) bá   10) mǐ   11) fǎ   12) mō

Pág. 13

1) mǔ   2) nǚ   3) lù   4) ní   5) lè
6) lā   7) lǚ   8) lù   9) pá

Unidad 1 Lección 3

Pág. 17

1) duì   2) gāi   3) gòu   4) rè   5) qì
6) lǎo   7) sè   8) yǒng   9) néng   10) lái

Pág. 19

1)你好！ 2)再见！ 3)我叫小月。

Pág. 19

1) gē   2) kǔ   3) hé   4) tā
5) nǐ   6) mò   7) fù   8) lú
9) bái   10) péi   11) dūn   12) hǎo

Unidad 2 Lección 4

Pág. 25

1) jǐ   2) qù   3) xī   4) jī   5) kē
6) hù   7) kǔ   8) gǔ   9) jǔ   10) gù
11) xú   12) yuè

Pág. 28

1) jī   2) qù   3) tī   4) dì   5) pó
6) mǎ   7) là   8) nǚ   9) qiě   10) què
11) jiǎo   12) xiū

Unidad 2 Lección 5

Pág. 31

1) jì   2) chū   3) shǔ   4) lù
5) jǐ   6) xī   7) xǐ   8) lú
9) zhuì   10) chōu   11) shuí   12) ròu

Pág. 34

1) zhā 2) chá 3) shì 4) rè
5) gǔ 6) kù 7) jī 8) qǐ
9) zhuì 10) chǒu 11) shuō 12) ruò

Pág. 37

1) 爸爸在1970年出生。他的生日是2月25日。他今年44岁。
2) 妈妈在1972年出生。她的生日是4月9日。她今年42岁。
3) 我在2001年出生。我的生日是8月30日。我今年13岁。

Pág. 37

1) zhā 2) shì 3) chǐ 4) rù
5) jiù 6) qí 7) xú 8) gē
9) cuī 10) wén 11) duō 12) yǒu

Unidad 2   Lección 6

Pág. 40

1) zǐ 2) cù 3) sū
4) zī 5) cí 6) sǐ
7) cè 8) qǐ 9) cuì

Pág. 43

1) zé 2) cā 3) sǎ 4) rì
5) jǐ 6) qiē 7) gǒu 8) cǎi

Pág. 45

1) A:他多大了?
   B:他十二岁。
2) A:她叫什么名字?
   B:她叫小月。
3) A:今天几月几号?
   B:今天九月十号。
4) A:你家的电话号码是多少?
   B:2565 0189。
5) A:他住在哪儿?
   B:他住在北京。
6) A:今天星期几?
   B:星期四。

Unidad 3   Lección 7

Pág. 47

1) 我今年十岁。今天是我的生日。
2) 我家有四口人:爸爸、妈妈、姐姐和我。
3) 我们一家人住在北京。
4) 我家的电话号码是2574 1083。

Pág. 52

1) yá 2) wǒ 3) yī 4) wǔ
5) yōng 6) wén 7) wāi 8) yuè
9) yǒu

Unidad 3   Lección 8

Pág. 56

1) wāi 2) lái 3) cuī
4) shuǐ 5) sāi 6) lēi
7) tuī 8) zài 9) hēi

Pág. 61

1) A:你是中学生吗?
   B:不是,我是小学生。
2) A:你上几年级?
   B:我上四年级。
3) A:你是哪国人?
   B:我是中国人。
4) A:你有兄弟姐妹吗?
   B:有。我有一个姐姐。
5) A:你的生日是几月几号?
   B:一月十三号。
6) A:你住在哪儿?
   B:我住在北京。

Unidad 3   Lección 9

Pág. 64  55

1) shuí   2) jiǔ   3) zǒu   4) tāo
5) shǒu   6) gāo   7) xiù   8) lǒu
9) qiú   10) ròu   11) yáo   12) liū

Pág. 68  58

1) A: 她是独生女吗?
   B: 不是。她有一个哥哥。
2) A: 你今年上几年级?
   B: 我上六年级。
3) A: 你家住在哪儿?
   B: 我家住在北京。
4) A: 今天几月几号?
   B: 五月十号。
5) A: 你爸爸工作吗?
   B: 他工作。
6) A: 你妈妈做什么工作?
   B: 她是老师。

Pág. 69  59

A: 你家有几口人?
B: 五口人: 爸爸、妈妈、哥哥、妹妹和我。
A: 你爸爸工作吗?
B: 我爸爸工作。他是商人。
A: 你妈妈工作吗?
B: 她不工作。
A: 你哥哥今年多大了?
B: 他今年十六岁, 上十一年级。
A: 你妹妹几岁了?
B: 她六岁, 上小学一年级。

Unidad 4   Lección 10

Pág. 71  62

1) ér   2) xiě   3) biē   4) jué
5) lüè   6) quē   7) xuě   8) niè
9) ěr   10) yuē   11) tiē   12) piě

Pág. 72  63

1) 现在两点半。
2) 现在十二点三刻。
3) 现在九点零三分。
4) 现在八点零五分。
5) 现在两点一刻。
6) 现在十点二十五分。

Pág. 76  66

1) 现在八点零五分。
2) 现在九点十分。
3) 现在四点一刻。
4) 现在七点三刻。
5) 现在十二点半。
6) 现在十点五十五分。
7) 现在差五分六点。
8) 现在一点二十五分。

Unidad 4   Lección 11

Pág. 81  69

1) sān   2) rén   3) qīn   4) sǔn
5) yùn   6) jǐn   7) chún   8) bàn
9) cēn   10) hán   11) gǔn   12) dùn

Pág. 83

1) A: 现在北京几点?
   B: 早上六点半。
2) A: 香港现在几点?
   B: 下午四点四十分。
3) A: 现在纽约几点?
   B: 中午十二点一刻。
4) A: 伦敦现在几点?
   B: 晚上九点零五分。
5) A: 东京现在几点?
   B: 上午十一点十分。
6) A: 巴黎现在几点?
   B: 晚上十点三刻。

Pág. 84

1) 我早上七点半起床。
2) 我八点吃早饭。
3) 我八点一刻去上学。
4) 我们八点三刻上课。
5) 我中午十二点一刻吃午饭。
6) 我们三点二十五分放学。
7) 我们家晚上七点吃晚饭。
8) 我晚上十点睡觉。

Unidad 4   Lección 12

Pág. 89

1) sāng   2) chéng   3) xíng   4) sòng
5) páng   6) gēng   7) dǐng   8) yòng

Pág. 92

1) 我是小学生。
2) 我坐校车上学。
3) 我爸爸是律师。
4) 我爸爸每天开车上班。
5) 我妈妈是秘书。
6) 她每天坐地铁上班。

Pág. 93

1) A: 你早上几点上学?
   B: 七点二十分。
2) A: 你怎么上学?
   B: 我走路上学。
3) A: 你爸爸工作吗?
   B: 工作。他是老师。
4) A: 你爸爸怎么上班?
   B: 他开车上班。
5) A: 你妈妈也是老师吗?
   B: 不是。她是秘书。
6) A: 你妈妈每天怎么上班?
   B: 她坐公共汽车上班。

Unidad 5   Lección 13

Pág. 97

1) fàndiàn   2) jīngcháng   3) shòushāng
4) xuésheng   5) shítou   6) jiǎngbēi
7) jīnyú   8) yúncai   9) piàoliang

Pág. 98

1) 爸爸喜欢蓝色。
2) 妈妈喜欢红色。
3) 哥哥喜欢黑色。
4) 姐姐喜欢黄色。
5) 妹妹喜欢粉红色。
6) 我喜欢橙色。

Pág. 103

1) A:大生喜欢什么颜色?
   B:他喜欢绿色。
2) A:小文喜欢什么颜色?
   B:她喜欢粉红色。
3) A:小月喜欢什么颜色?
   B:她喜欢黄色。
4) A:京京喜欢黑色吗?
   B:喜欢。
5) A:王星喜欢灰色吗?
   B:不喜欢。他喜欢棕色。
6) A:王小明喜欢红色吗?
   B:喜欢。他也喜欢蓝色。

Unidad 5 Lección 14

Pág. 105

1) gōngniú   2) kùnnan   3) duǎnkù
4) chuántǒng   5) tiáozi   6) tàozhuāng
7) duànliàn   8) yǒuqíng   9) lǜsè

Pág. 109

1) 爸爸穿白色的衬衫。
2) 哥哥穿蓝色的牛仔裤。
3) 姐姐穿棕色的裙子。
4) 我喜欢红色的出租车。
5) 弟弟坐黄色的校车上学。
6) 妈妈坐紫色的电车上班。

Pág. 111

1) 大生穿白衬衫、蓝短裤。
2) 小文穿粉红色的衬衫、紫色的裙子。
3) 小月穿红色的毛衣、棕色的裙子。
4) 京京穿绿色的外套、黑色的长裤。
5) 王星穿灰色的汗衫、黑色的牛仔裤。
6) 王小明穿橙色的衬衫、黑色的长裤。

Unidad 5 Lección 15

Pág. 116

1) shénme   2) kāishǐ   3) yīnyuè
4) xǐhuan   5) liúxíng   6) yáogǔn
7) xuéxiào   8) xiōngdì   9) lǚxíng

Pág. 121

1) A:你爸爸长什么样?
   B:他长得高高的。
2) A:你妈妈长什么样?
   B:她长得不高也不矮。
3) A:你哥哥长什么样?
   B:他有大眼睛,头发短短的。
4) A:你妹妹长什么样?
   B:她有小小的眼睛和小小的嘴巴。
5) A:你弟弟长什么样?
   B:他有大大的眼睛和小小的嘴巴。
6) A:你姐姐长什么样?
   B:她长得矮矮的,头发长长的。

Pág. 123

小英今年十一岁,上小学五年级。她长得高高的。她有大大的眼睛、高高的鼻子和大大的嘴巴。她有黑色的长发。她穿衬衫和裙子。